GARDÂG

Nofel Ffantasi

(i blant o bob oed)

BRYAN MARTIN DAVIES

Christopher Davies

Argraffiad cyntaf — 1988

ISBN 0 7154 0709 0

© Bryan Martin Davies, 1988

Cyhoeddwyd y nofel hon gyntaf fesul pennod yn *Barn*.

Dymuna'r cyhoeddwyr gydnabod cymorth a chyfarwyddyd
Adran Olygyddol y Cyngor Llyfrau Cymraeg
a noddir gan Gyngor Celfyddydau Cymru.

Cyhoeddwyd gan Christopher Davies Cyf. ac
argraffwyd gan Wasg Dinefwr, Heol Rawlings, Llandybïe.

I'M MERCH, NIA,

ER COF AM FY NHAD,

AC I'M MODRYB, MISS M. A. DAVIES,
BRYNAMAN

Cynnwys

BYD GARDAG

Pen-y-Clogau

Y Foel Deg

Craig y Bedol

Pen-y-Gors

Y Garreg Fraith

Craig Aberth

Y Llwyn Du

Pownd Crugan

Afon Bedol

Fferm Pantyffynnon

Rhagair

A minnau ar fy nhymor cyntaf fel disgybl yn y flwyddyn gyntaf yn Ysgol Ramadeg Dyffryn Aman, Rhydaman, Dyfed, ym mis Medi 1944, y gwersi gorau o ddigon i mi, yn ystod yr wythnosau hirion hynny, oedd y gwersi ar lenyddiaeth Saesneg. Y llyfr gosod rhyddiaith yn y tymor cyntaf hwnnw oedd *Wind in the Willows*, gan Kenneth Grahame; a darllenwyd y llyfr i ni gan athrawes ifanc ddeniadol, a ninnau fel dosbarth yn ei dilyn yn ein copïau ein hunain. Gwefreiddiwyd pob copa walltog ohonom gan ei dawn i ddarllen stori, a chan ddawn anhygoel Grahame, wrth gwrs. Syrthiais mewn cariad â'r athrawes a'r llyfr. Miss Lewis oedd ei henw, os cofiaf yn iawn, ond diflannodd hi, ysywaeth, cyn bo hir, o'n hysgol ni, ac o'm hymwybyddiaeth oriog innau, pan briododd.

Ond fe arhosodd y llyfr yn rhyw fath o 'dalisman' llenyddol yn fy nghof i am byth. Daeth Ratty a Mole a Toad i ymgartrefu ar lannau afon Aman, yn arbennig yng Nghwm yr Ynys, ar waelod Hewl Bryn Bach, ac yr oedd y 'Wild Wood' lle trigai

Badger wedi ei leoli yn y goedwig fechan ger Nant Gwine, ar y ffordd gefn i'r Garnant o Frynaman. Roedd hi'n dipyn o straen ar y dychymyg i ddarganfod plasty aristocrataidd 'Toad Hall' yn ein pentref ni, ond fe wnâi'r ficerdy lleol, ar Hewl y Mynydd ar y pryd, y tro.

Wrth gwrs, ffantasïau cwbl breifat oedd y rhain i gyd, a bodolent yn gyfrinachol yn fy nychymyg yn unig. Ni chrybwyllais air amdanynt wrth neb, nes i mi dyfu'n ddyn. Parhaodd y llyfr *Wind in the Willows* yn symbol o lenyddiaeth 'ddihangol' i mi trwy fy oes. Darllenais y llyfr yn awchus bob tro y deuai rhyw argyfwng ar fy nhraws yn ystod fy mywyd. Pan adewais fy nghartref am y tro cyntaf i fynd i Goleg Aberystwyth ym 1951, roedd copi o'r llyfr yn fy mag. Porais ynddo yn achlysurol, yn enwedig pan oedd dirgelion Gramadeg Cymraeg Canol yn pwyso drymaf ar fy meddwl, ac yn fy llethu. Pan euthum, yn fy nhro, yn filwr bychan di-glem i farics Whittington yng Nghaerlwytgoed (Lichfield), ym 1955, i ymuno â bataliwn hyfforddi gwŷr traed y North Staffordshire Regiment, dihengais oddi wrth ddisgyblaethau mwyaf annynol y fyddin i dudalennau gwaraidd Grahame, ym mherfeddion y nosau trymion hynny o haf militaraidd, dieithr. Flynyddoedd wedi hynny, ym 1982, a minnau yn Ysbyty'r Maelor yn Wrecsam, bu'r un llyfr yn ddihangfa werthfawr i mi, eto yn nhrymder y nos, rhag effeithiau diflasaf y llawdriniaeth feddygol a orfodwyd arnaf yr adeg honno.

Yn raddol, felly, fe dyfodd awydd ynof i lunio gwaith llenyddol yn y Gymraeg a fyddai'n ymwneud â byd a bywyd creaduriaid. Cryfhawyd yr awydd hwnnw ynof gan weithiau rhai o nofelwyr Lloegr, yn arbennig gan lyfrau fel *Watership Down* a *The Plague Dogs* gan Richard Adams, a *Duncton Wood* gan William Horwood. Tenau yw traddodiad llenyddol tebyg yn y Gymraeg, ar wahân efallai i'r stori am anturiaethau Siôn Blewyn Coch, y llwynog, yn *Llyfr Mawr y Plant*, ond brith gof yn unig sydd gennyf am y stori honno. Ni wnaeth argraff ddofn arnaf yn fy mhlentyndod.

Ar y llaw arall, fe'm gwefreiddiwyd gan *Animal Farm*, George Orwell, er na chytunais ag ef erioed yn ei safbwynt mai llawforwyn i gredo wleidyddol yw llenyddiaeth yn y gwraidd. Ond y llyfr hwnnw yw ei gampwaith fel llenor, yn fy marn i, ac y mae'n rhagori hyd yn oed ar ei waith mwyaf nodedig, sef *1984*.

Felly, cyn llunio'r nofel fer hon, ac yn wir, wrth lunio'r gwaith, proses a barhaodd yn fylchog am ddeng mlynedd bron, fy nhuedd i oedd gwneud fy ngorau i geisio ymwrthod â rhai nodweddion yn y *genre* hwn yn yr iaith Saesneg a'm hanfodlonai. Creu dynion o'i anifeiliaid a wnaeth Grahame, er gwyched ei gymeriadaeth. Creadigaethau anthropomorffig yw Ratty, Mole, Toad, Badger ac Otter. Y mae'r un peth yn wir am greaduriaid Orwell yn *Animal Farm*. Dynion sy'n byw mewn gwladwriaeth dotalitaraidd a grewyd gan wleidyddiaeth ormesol yw ei anifeiliaid yntau yn y llyfr meistraidd hwnnw.

Eithr y mae awduron diweddarach yn y dull hwn ar lenyddiaeth, fel Richard Adams a William Horwood, yn ymdrechu i wneud rhywbeth gwahanol. Fe geisiodd Adams gyfleu seicoleg cŵn,

llwynog (y tod), ac adar yn *The Plague Dogs*. Fe
geisiodd William Horwood hefyd ymdreiddio, fel
llenor, i ymwingiadau ymenyddol gwahaddod, yn ei
ddulliau unigolyddol ei hun, yn ei nofel *Duncton
Wood*. Ond nid yw nac Adams na Horwood yn
llwyddo'n llwyr i ymryddhau oddi wrth y broses
anthropomorffig sy'n troi anifeiliaid 'llenyddol' yn
ddynion.

Rwy'n rhyw led-gredu fod y methiant hwn yn
anochel. Onid oes gan yr anifeiliaid hynny sy'n ym-
dreiddio i ddychymyg creadigol dynion y gallu
annirnad i fwydo ar y dychymyg hwnnw, ac i dyfu,
rywsut, yn ddynion eu hunain? Ni wn i am unrhyw
orchwyl llenyddol anos na cheisio mabwysiadu
rhesymeg anifail; hynny yw llwyddo yn eich gwaith
fel llenor i gyfleu prosesau seicolegol anifail, cadno,
er enghraifft. Hyd y gwn i, y mae llwyddo i sefydlu
safbwynt llwyr wrth-anthropomorffig yn amhosibl,
yn llenyddol felly. Efallai mai gofynion ieithyddol
yw'r maen tramgwydd yn y bôn, hynny yw, y rheid-
rwydd sylfaenol ar lenor neu fardd i'w wneud ei hun
yn ddealladwy i'w ddarllenwyr yn ei ddefnydd o
iaith.

Sut bynnag, y mae'n rhaid i mi gyfaddef fy mod i, o
leiaf, wedi methu cyflawni'r orchwyl amhosibl hon.
Fe'm trechwyd yn llwyr gan Gardag a'i ffrindiau a'i
elynion. Hawliasant, rywsut, i dyfu'n Gymry Cym-
raeg yn y diwedd, er gwaethaf fy ymdrechion i osgoi
hynny. Hen Gymry ydynt mewn gwirionedd, hen
Gymry anorchfygol, pobl sy'n dal i oroesi yn
nhueddau mwyaf anghysbell y Mynydd Du, ac yn
wir, yn haenau isaf ein hymwybyddiaeth gened-

laethol. Yn eu gweithrediadau cyfrwys, pragmatig hwy, yn alegorïaidd felly, y mae ein Cymreictod ninnau, yn wythdegau'r ganrif hon, yn dal i fodoli.

Bryan Martin Davies

Fioled

Wrth orwedd yma ar Graig yr Aberth, fe wn fod lliw fioled y llethrau hyn yn llifo yn fy ngwythiennau i, cyn dyfod Dynion. Fioled. Y lliw hwn sy'n serio fy synhwyrau o ddydd i ddydd. Fioled yw'r golau sy'n llifo yn fy llygaid, y sawr sy'n ffrydio yn fy ffroenau, y blas sy'n flys ar fy nhafod, y cryndod sy'n gân yn fy nghyhyrau, a'r murmur parhaus sy'n sibrwd yn fy nghlustiau. Y tu ôl i mi, mae Mynydd y Crugau yn cyrcydu fel anghenfil cysglyd, a thyfiant y grug a'r llus fel gorchudd melfed amdano. Islaw, ymdroella afon Pedol yn ddisglair, i lawr o Fynydd y Garreg Fraith, drwy'r cwm cul, heibio i ffermdy Panty-ffynnon, nes ymgolli yn y rhedyn trwchus ar lethrau'r Dyffryn Mawr. O'm blaen, y mae'r Foel Deg yn gryndod o wair yn yr awel, ac arni, gallaf weld cysgodion y cymylau yn peintio darluniau symudliw o fore tan hwyr. Dyma fy myd i, byd Gardag y Cadno, a brenin fy llwyth.

Fel fy nhad a'm cyndeidiau, gorweddaf yma yn yr haul ar Graig yr Aberth, y tu allan i'm ffau. Gor-ffwysaf yma, fel hwythau, wedi slafdod y nos. Mae'r haul yn gynnes ar fy nghorff, a'r graig yn gadarn danaf. Y graig hon yw cysegrfan ein llwyth ni. Yma, wedi'r helfa, rhoddwn gyda'n gilydd ein haberth i'n duw, Gwyllawg, duw'r nos a'r tywyllwch diogel.

Fy mam, Magda, a'm dysgodd i amdano ef, am ei greu ac am ei fodolaeth, am ei gariad atom ni, greaduriaid y gwyll. Gallaf ei chofio yn adrodd yr hanes wrthyf pan oeddwn yn genau bach yn gorwedd wrth ei hochr yn y ffau.

'Roedd hi'n ddydd o hyd, unwaith,' dywedodd, 'pan oedd y dduwies Lleuwen yn cynnal y cread. Hi oedd y Fam dragwyddol a arllwysodd ei goleuni dros y byd o'i chostrel ddihysbydd, yr haul. Dan ei goleuni, roedd ffrwythau'r ddaear yn llifo o'r pridd. Dyma oedd Cyfnod y Digonedd yn hanes ein byd ni. Yr adeg honno, roedd bywyd yn berffaith, ac fe allai pob creadur fyw ar gnydau'r ddaear, heb orfod claddu dant ac ewin mewn cnawd er mwyn byw.'

Fe'm gwthiais fy hun yn nes at ei chorff llyfn yn y ffau, gan wrando'n astud ar ei stori.

'Ond wedyn,' dywedodd, 'daeth Dyn a Charreg a Gwaed. Dyma Gyfnod y Tranc yn ein hanes ni. Rhwygwyd y cnawd, a llifodd y gwaed. Daeth Lleuwen i lawr o'i chaer risial yn yr awyr i'n byd ni i ateb ein gweddïau taer. Wrth iddi gerdded, ymffurfiodd gwythiennau hir o arian yn y ddaear islaw yn ôl ei thraed.'

Erbyn hyn, roeddwn i wedi fy nal yn rhwyd y stori.

'Beth ddigwyddodd wedyn?' gofynnais yn eiddgar.

'Roedd Afag, brenin yr isfyd,' dywedodd hithau, 'wedi ei synnu wrth weld y disgleirdeb newydd yn ymffurfio'n donnau o loywder yn ei deyrnas dywyll, a daeth i fyny i fyd yr haul trwy Ogof Craig y Pwll. Ogof Afag yw'r enw ar y lle fyth er hynny. Pan welodd harddwch Lleuwen, a gerddai heibio ar y pryd, syrthiodd mewn cariad â hi ar amrantiad. Dechreuodd ei dilyn yn eiddgar, ond er iddo redeg nerth ei draed, ni allai ei chyrraedd na dod yn agos ati. O'r diwedd, galwodd Afag arni.

"Er mwyn yr hwn a geri fwyaf yn y byd, aros."

'Yna, fe arhosodd Lleuwen, gan droi yn araf a gwenu arno cyn dweud,

"Er dy fwyn di, Afag, fe arhosaf."

'Penliniodd Afag wrth ei thraed i'w haddoli.

'Wedi byw gyda'i gilydd am flwyddyn a diwrnod, ganwyd Gwyllawg yn fab iddynt. Cyn dychwelyd i'w chaer yn yr entrych, rhoddodd Lleuwen hanner ei brenhiniaeth i'w mab Gwyllawg; ac wedi hynny, daeth NOS. Gwyllawg yw ein duw ni, greaduriaid y tywyllwch, fyth er hynny. Pan leda ei fantell drosom ar ddiwedd y dydd, daw ei gariad i gynhesu ein calonnau, a'i ofal i liniaru ein hofnau.'

Dyna sut y dysgodd fy mam Magda i mi am ddyfodiad y duw Gwyllawg i'r byd. Ef yw ein hamddiffynnwr tragwyddol rhag Dyn a Charreg a Gwaed.

Gallaf gofio fel ddoe y tro cyntaf i mi weld defod yr Aberth. Noson o Ragfyr ydoedd, a minnau yn ifanc, ac yn cysgu'n drwm yng nghlydwch y ffau. Yn sydyn, deffroais, wrth deimlo anadl twym fy mam, Magda, ar fy wyneb, a'i cheg yn cau yn dyner am fy ngwar. Roedd sŵn tuthio a chyfarth o'r tu allan, a chludodd fy mam fi'n ofalus dros y cerrig anferth a guddiai'r fynedfa i'n gwâl ni, nes i ni ddod allan i

17

oerni'r nos. Roedd y gwynt yn pigo trwy fy mlew at fy nghnawd. Yno, yng ngolau'r lleuad roedd cadnoid y llwyth wedi dod ynghyd o amgylch Craig yr Aberth.

Rwy'n cofio edrych mewn syndod ar y cyrff llyfn chwyslyd, a chlywed yr anadlu trwm wedi'r rhedeg. Wedi'r cyffro a'r anesmwythder, daeth rhyw dawelwch rhyfedd, disgwylgar i feddiannu'r llwyth, rhyw fath o awyrgylch ddefosiynol dan ganhwyllau'r sêr. Fe gaf yr un teimlad bob tro, pan fyddaf yn un o gwmni'r ddefod hon ag a gefais y noson honno. Daw rhyw flinder melys drosof wrth i'r corff ymlacio, ac wrth i'r meddwl ymwacáu o beryglon yr helfa. Sut bynnag, yno y cyrcydais yn yr oerni ar y noson honno o Ragfyr, gan fy ngwthio fy hun yn glòs yn erbyn fy mam, a theimlo ei chalon yn curo'n gyflym yn erbyn fy nghlust. Roedd fy mlinder wedi diflannu'n llwyr erbyn hyn, a syllais ar bob un o aelodau'r llwyth yn ei dro, deiliaid fy nhad, y brenin Teyrnig.

Roedd fy mam Magda, a minnau, ychydig y tu allan i'r cylch, fel y gweddai i gadnawesau a chenawon y llwyth, oherwydd dim ond yr helwyr a amgylchynai'r ysbail ar y Graig wedi helfa, ar gyfer y ddefod. Ar y chwith, roedd Tostag, fy ewythr. Ef oedd unig frawd fy nhad, Teyrnig, ond roedd e'n hŷn o lawer na'm tad. Bu Tostag yn arwr yn nyddiau ei ieuenctid, yn heliwr dewr a chyfrwys. Erbyn hyn, roedd ei gyhyrau wedi gwanhau, ac ni allai redeg cystal â chynt. Anaml yr âi ar gyrch gyda helwyr y llwyth yn awr. Cadwai i'w ffau gan mwyaf, gan weddïo am oriau ar ein duw Gwyllawg, er mwyn ei

gymhwyso ei hun at y gwaith o fod yn offeiriad i'r
llwyth. Chwarae teg iddo, bu Tostag yn ffyddlon i'm
tad, Teyrnig, trwy ei oes. Fe'i cofiaf fel creadur
tawel, urddasol, bob amser yn ddoeth ei gyngor i ni'r
cadnoid ifainc, ac fel un a oedd yn hyddysg yn hanes y
llwyth a'i ddefodau. Bu fyw am ran olaf ei oes fel
gwasanaethwr ein duw Gwyllawg, gan dreulio ei
ddyddiau yn feudwyaidd yn ei wâl, ond roedd bob
amser yn barod ei gymwynas.

Wrth ei ochr, mewn rhes a oedd ychydig ar wahân
i'r lleill, safai'r tri chadno, Carleg, Bwyrig a
Grithog, tri brawd a drigai gyda'u teuluoedd mewn
tair ffau fawr ar Graig y Bedol, ryw dair milltir i'r
gorllewin o Graig yr Aberth. Roedd y tri ohonynt
wedi bod yn aelodau o'n llwyth ni er eu geni; ond
serch hynny, yr oedd rhyw ddieithrwch yn perthyn
iddynt. Roedd blewyn y tri ohonynt ychydig yn fwy
llwydaidd na blewyn cadnoid eraill ein llwyth ni, a
gwynder eu boliau yn llai gloyw. Clywais fy nhad
Teyrnig yn dweud fod rhieni'r tri chadno hyn wedi
ymuno â'n llwyth ni flynyddoedd yn ôl; a'u bod wedi
dod o wlad arall y tu hwnt i drumau'r Mynydd Du, er
eu bod yn perthyn, trwy waed, i'n llwyth ni o gyfnod
cynnar iawn. Ond mewn gwirionedd, roedd rhyw
ddieithrwch rhyfedd wedi glynu wrth y tri hyn,
Carleg, Bwyrig a Grithog. Yn enwedig Carleg, a
oedd yn gryfach o ran corff na'i ddau frawd. Er eu
bod yn helwyr taer, ac yn aelodau gwerthfawr o'r
llwyth, roedd y tri ohonynt bob amser yn barod i
amau awdurdod fy nhad Teyrnig, ac yn wir yn
tueddu i wrthryfela yn ei erbyn ar adegau. Ond fe
lwyddai ef bob amser i'w cadw mewn trefn.

I gwblhau'r cylch o amgylch Craig yr Aberth, roedd pedwar cadno arall yn sefyll yn llonydd. Ni allwn eu gweld yn eglur, gan eu bod yn sefyll yng nghysgod craig, ond gwyddwn pwy oeddent. Yn eu plith, fe fyddai Rostig, cefnder fy nhad. Roedd ef a'i gyndadau wedi byw yn eu ffau, y Twll Hir, ar lan garegog yr afon, lai na milltir o Graig yr Aberth, er cyn cof. Rostig oedd cyfaill pennaf fy nhad. Roeddent tua'r un oed, ac wedi bod yn gyfeillgar trwy'r blynyddoedd. Ef, hefyd, oedd cynghorydd pwysicaf fy nhad, ac ni ddeuai Teyrnig i benderfyniad pwysig fel brenin y llwyth, heb drafod y mater yn gyntaf â Rostig. Deuai ef i'n ffau ni yn aml, ac nid oedd dim yn fy mhlesio'n fwy na gwrando ar y ddau yn sôn am ryw antur beryglus y buont arni yn y gorffennol.

Nesaf at Rostig yn y cylch, fe safai Dilrag, cefnder arall i'm tad, ond a oedd lawer yn iau nag ef. Yn wir, roedd Dilrag yn nes ataf i o ran oed. Roedd ef newydd ddechrau ymuno â'r helwyr ar eu cyrchoedd peryglus ym mherfeddion y nos. Cadno ifanc dwys a meddylgar oedd Dilrag. Deuai yntau hefyd i'n ffau ni yn aml i siarad gyda'm tad, ac i ddysgu ganddo am ddulliau hela. Trigai mewn ffau gyfagos ar odre Craig yr Aberth gyda'i fam, Lacda.

Yn ddwfn yng nghysgod y cerrig, safai Llareg a Nerog, dau gadno a oedd yn ddeiliaid ffyddlon i'm tad. Doedd yr un cadno yn y byd a allai hela cystal â'r ddau frawd hyn. Nid oeddent yn perthyn i ni o ran gwaed, ond roeddent wedi cael eu codi ar Fynydd y Crugau fel aelodau o'n llwyth ni. Ni fedrai neb, hyd yn oed Teyrnig ei hun, redeg mor gyflym, neu

ymosod mor sydyn o gyfrwys ar gwt ieir, â'r ddau
hyn. Roeddent hefyd yn gynllunwyr cyrch
penigamp, ac fe wrandawai fy nhad ar eu cynghorion
hwythau cyn trefnu cyrch anodd. Trigent, gyda'u
teuluoedd, ar yr ochr arall i afon Pedol mewn creigle
ddiogel o'r enw Pen-y-Gors, ar lethrau'r Foel Deg.
Roedd eu cartrefi hwy mewn safle briodol i weld pen
isa dyffryn y Bedol. Hwy, mewn gwirionedd, oedd
gwarchodwyr ein byd ni, a phe gwelsent unrhyw
berygl a allai fygwth y llwyth, yna, deuent ar un-
waith i Graig yr Aberth, at fy nhad, i'w rybuddio.

Ar ganol y cylch roedd ysbail yr helfa wedi ei
osod; cruglwyth o ieir a cheiliogod brithliw, a hanner
dwsin o wyddau yn eu plith, a phlu eu gyddfau
hirion, llonydd, yn ddisglair yng ngolau'r lleuad.
Gallwn weld y marciau gwaed yn ysgythriadau duon
ar y gwynder oer. Ar hynny, symudodd Tostag, fy
ewythr, i ganol y cylch. Gan mai ef oedd offeiriad y
llwyth, ei waith ef oedd llafarganu'r weddi i'n duw
Gwyllawg. Gwrandewais ar eiriau'r weddi honno
am y tro cyntaf y noson honno, geiriau a glywais
gannoedd o weithiau wedi hynny:

'Gwyllawg, Gwyllawg, y noddwr du,
i dduw'r Nos diolchwn.
Cymer waed a chymer blu.
I ti, nawr, aberthwn.'

Yna, plygodd Tostag, a chymryd gwddf un o'r
gwyddau yn ei geg yn ofalus. Gydag un symudiad
sydyn o'i ben, taflodd yr ŵydd dros ei ysgwydd, gan

frathu'n ddwfn drwy'r wythïen yn ei gwddf ar yr un pryd. Gwelais y düwch gludiog yn diferu ar Graig yr Aberth, ac fe glywais y llwyth yn cipial ac yn udo eu gorfoledd i dduw'r Nos, gan godi eu pennau naw o weithiau gyda'i gilydd, fel un, yn ôl arfer y ddefod. Wedi'r seremoni, llamodd fy nhad Teyrnig i ganol y cylch ar unwaith, gan wthio'r lleill o'r neilltu. Ef oedd llwynog mwyaf y llwyth, a'i flewyn yn ddyfnach ei gochni na blewyn un o'r lleill. Fflachiodd ei ddannedd gwynion yng ngolau'r lloer, wrth iddo ysgyrnygu ar y cadnoid eraill o'i amgylch. Symudodd yn sydyn ac yn ffyrnig at Carleg a ddynesai'n farus at yr ysbail, gan chwyrnu'n fygythiol. Cofiaf sylwi ar ei gyhyrau yn crynu'n rymus dan ei ysgwyddau llydan yng ngolau'r lleuad. Hawl brenin y llwyth oedd y dewis cyntaf o'r ysbail wedi'r helfa, ac nid oedd Teyrnig, o bawb, yn debygol o adael i unrhyw un o gadnoid eraill y llwyth amau yr hawl hwnnw. Ciliodd dau neu dri llwynog yn ôl o flaen ei lygaid bygythiol, ac yn ofalus a phwyllog dewisodd Teyrnig ddwy o'r gwyddau a cheiliog, trwy eu gwahanu o'r cruglwyth yn y canol. Amneidiodd ar fy mam, Magda, i'w helpu i'w cario yn ôl i'r ffau. Wedi i ni droi ein cefnau ar y lleill, ac ymneilltuo i dywyllwch ein gwâl, fe glywais gadnoid eraill y llwyth yn ymladd ac yn cyfarth wrth iddynt rannu'r celanedd pluog oedd ar ôl.

Ond, wrth gwrs, y mae llawer o aeafau wedi gwynnu ar y llethrau hyn er pan welais ddefod yr Aberth am y tro cyntaf, ac y mae pethau wedi newid yn fawr er dyddiau fy nhad. Dyma'r pethau sy'n symud trwy fy meddwl yn awr, a minnau'n gorwedd yma yn yr haul ar Graig yr Aberth. Mae darluniau'r gorffennol yn symud o flaen fy llygaid, fel cysgodion y cymylau fioled ar y Foel Deg, yn dod ac yn mynd, yn mynd ac yn dod, o hyd ac o hyd.

PENNOD II

Indigo

A minnau'n gorwedd yma, y mae'r garreg yn dechrau oeri dan fy nghorff. Codaf fy mhen yn swrth i edrych i fyny at yr awyr, gan sylwi fod yr haul yn nesu'n dawel fach at ddibyn y Gorllewin. Mewn llai nag awr, fe fydd costrel Lleuwen wedi peidio ag arllwys unwaith eto, a bydd ein duw Gwyllawg wedi dychwelyd i'w deyrnas ar y ddaear. Newidiodd fy myd fioled i adeg fer o indigo cyn dyfod nos, ac y mae'r cysgodion yn ddyfnach ar lethrau'r Foel Deg o'm blaen. Syllaf arnynt, wrth iddynt weu eu ffurfiau dieithr ar y bryn. Yn y goleuni indigo hwn, daw tapestri'r gorffennol yn fyw unwaith eto dan frodwaith cymhleth cwmwl a gwair. Fel y byrlyma dŵr yr afon Pedol dros y cerrig, felly y daw llif fy atgofion yn ôl dros greigiau'r blynyddoedd.

Gallaf gofio fy nghyrch cyntaf i lawr at fferm Pantyffynnon fel ddoe. Dyna oedd y tro cyntaf i mi adael fy myd diogel ar lethrau Mynydd y Crugau. Am rai wythnosau cyn hynny, fe'm gwefreiddiwyd gan ddisgrifiadau fy nghyfaill Dilrag o gyffro cyrchoedd hela'r llwyth. Deuai yn aml o'i ffau gyfagos ar Graig yr Aberth i'n gwâl ni. Er ei fod yn gefnder i'm tad, Teyrnig, roedd yn nes ataf i o ran oed, a thyfasom yn gyfeillion mynwesol. Creadur tawel oedd ef fel arfer, ond fflachiai ei lygaid, a byrlymai'r geiriau dros ei enau pan ddisgrifiai un o gyrchoedd hela'r llwyth. Wrth wrando arno, llifai yr un eiddgarwch yn fy ngwythiennau innau, curai fy nghalon yn gyflymach a deuai rhyw gryndod i'm cyhyrau wrth i mi fy nychmygu fy hun yn rhedeg wrth ei ochr dros y grug, a gŵydd yn fy ngheg. Anodd yw tynnu dyn oddi ar ei dylwyth. Roedd greddf yr helfa yn fy ngwaed hyd yn oed yr adeg honno, a'm dannedd yn dyfrhau wrth feddwl am wefr wyllt y brathiad sydyn ar wddf pluog.

Fe ddaeth fy nghyfle yn fuan wedi hynny. Roeddem fel llwyth wedi dioddef cyfnod o galedi am wythnos neu fwy, wedi nifer o gyrchoedd aflwyddiannus. Bu Teyrnig ac aelodau eraill o'r llwyth yn hela cwningod yn ystod y dydd, yn ogystal ag ymosod ar ffermydd yn y nos, ond heb fawr o lwyddiant. Heb gig, crwydrwn lethrau'r Crugau, yn drist ac yn oer yn fy ngwendid, y newyn poenus yn wacter annioddefol yn fy mol, a'm llygaid yn crafu'r tir creigiog am fwyd.

'Rhaid i ti bori'r llethrau,' cynghorai fy mam, Magda. 'Cer i lawr at lannau'r afon i chwilio am lyffantod a phryfed, a cher at y coed i noethi'r brigau o'r egin cynnar. Mae'n rhaid i ni fyw ar ffrwythau'r ddaear nes bod cig i'w gael.'

Edrychais arni'n drist. Roedd hithau'n wan ac esgyrnog yn ei newyn. Gweddïais ar y duw Gwyllawg, i'm harwain at gwningen dew, ond ni ddaeth ateb i'm gweddi. Parhaodd yr argyfwng hwn am ddiwrnod arall, nes i'm tad, Teyrnig, alw

cyfarfod o'r llwyth fore trannoeth ar Graig yr
Aberth, er mwyn trafod yr hyn y gellid ei wneud er
mwyn gwella'r sefyllfa.

Roedd hi'n fore oer, a minnau'n sefyll yno gyda'm
tad i aros am y cadnoid eraill. Mis Mawrth ydoedd,
a'r gwanwyn yn hwyr yn cyrraedd. Disgynasai
haenen o eira yn ystod y nos, ac yn awr, roedd yr haul
yn ddisglair ar y gwynder ar lethrau'r Crugau ac ar y
Foel Deg. Draw o gyfeiriad Craig y Bedol gwelsom
Carleg a Bwyrig a Grithog yn llamu ar draws y
llethrau, eu cotiau llwytgoch yn saethu dros wynder
yr eira. Fel y gwyliai fy nhad eu dyfodiad at Graig yr
Aberth, chwyrnai'n isel, a gwyddwn fod ei gasineb
at y tri hyn yn ddüwch oer yn ei galon. Yn is i lawr, o
gyfeiriad yr afon Pedol, gwelsom Rostig yn dringo'n
gyflym tuag atom o'i ffau, y Twll Hir, ar dorlan
greigiog yr afon. Llamodd yntau i fyny'r dibyn, gan
igamogamu ei ffordd fel llinell droellog goch drwy'r
eira. Y tu ôl iddo, gallem weld Nerog a Llareg yn
llithro i lawr o'r Foel Deg o'u gwâl hwythau ym
Mhen-y-Gors, yn croesi'r afon, ac yna'n dringo'n
gyflym tuag atom ar Graig yr Aberth. Cyn iddynt
gyrraedd, daeth Tostag a Dilrag o'u ffeuau hwythau
i ymuno â ni.

Wedi i bawb gyrraedd, edrychais arnynt, ein
llwyth ni, yn gorwedd ac yn anadlu'n drwm ar y
Graig. Mae'n rhyfedd pa mor gyflym y mae newyn
yn effeithio ar greadur. Gwyddwn fod y gwacter
pwysig yn cnoi yn eu boliau, a sylwais fod cochni eu
cotiau wedi colli'r sglein arferol. Crynent yn oerni'r
bore, a gwelais ofn yn llechu yn eu llygaid, yr un ofn

ag a welais yn llygaid fy mam, wrth iddi fy siarsio i chwilio am blanhigion a thrychfilod y ddaear. Camodd Teyrnig, fy nhad, i ganol y cylch a ffurfiasai'r cadnoid o amgylch y graig. Edrychodd arnynt yn ofalus, o un i un, ei lygaid ffyrnig yn fflachio wrth iddo ddechrau siarad:

'Gyfeillion, mae'n argyfwng arnom,' dywedodd. 'Heb gig, fe fydd ein cenawon yn nychu yn y wâl, a'n celanedd ninnau yn fwyd i'r brain a'r hebogiaid ar y Crugau. Mae'n rhaid i ni gael cig. Heno, fe ymosodwn ar fferm Pantyffynnon. Ceisiais osgoi'r penderfyniad hwn, ond y mae ein hamgylchiadau yn ddifrifol. Felly, rhaid ymosod. Dyna fy ngorchymyn.'

Pantyffynnon oedd y fferm agosaf i'n byd ni ar Fynydd y Crugau, fferm fynydd ar lethrau uchaf y Dyffryn Mawr. Gwyddwn ei bod yn bolisi gan ein llwyth ni i osgoi hela buarthau Pantyffynnon am ddau reswm. Roedd y ffermwr, y Dyn, yn elyn i'w barchu. Byddai cyrch ar ei fferm ef yn sicr o'i gymell i ddod i fyny i'n byd ni â'i wn i saethu pob blewyn coch a welai. Gwyddem oll trwy brofiad ei fod yn saethwr medrus. Onid bwled o'i wn ef a laddodd Brodeg, tad Dilrag, flwyddyn ynghynt? Wedi ei saethu, torrwyd ei gynffon, a gadawyd ei gorff i bydru ar lan yr afon, yn ysglyfaeth i'r brain a'r hebogiaid. Bu ei sgerbwd yn ei wynder yn crechwenu'n hurt arnom am wythnosau, heb neb yn beiddio mynd yn agos ato, nes i Dilrag a'i fam, Lacda, fagu digon o ddewrder o'r diwedd i fynd yno, a chladdu'r esgyrn brau a oedd yn weddill rhwng y cerrig ar dorlan yr afon.

Yr ail reswm dros osgoi fferm Pantyffynnon oedd presenoldeb y ddau gi, Pedro a Largo, a gadwai'r Dyn i'w helpu gyda'i waith o fugeilio'r defaid ar y llethrau. Fe wyddai pob un ohonom am ddyfeisgarwch y ddau gi hyn. Yn wir, roeddent fel Dynion yn eu cyfrwystra a'u deallusrwydd anhygoel. Gallent redeg yn gynt nag ehediad y curyll a wibiai drwy'r awyr uwchben y Foel Deg. Anaml iawn y deuent yn agos at y tir caregog lle trigem ni ar y Crugau, gan

fod eu gwaith fel cŵn defaid yn eu cadw at borfeydd y diadelloedd ar lethrau deheuol y Garreg Fraith. Ond fe wyddai pob un ohonom mai canlyniad cyrch ar fferm Pantyffynnon fyddai sgawt anochel Pedro a Largo wrth draed eu meistr arfog i'n byd ni y bore wedyn. Ofnem angau rhwygol, du y ddau gi hyn yn fwy, rywsut, na sgrech y fwled, a'r tranc sydyn dan y blew.

Roedd distawrwydd llethol am ysbaid wedi i Teyrnig lefaru. Tostag oedd y cyntaf i siarad. 'Mae dy eiriau yn ddoeth, Frenin,' meddai. Roedd bob amser yn barod i ochri gyda'i frawd. 'Does dim dewis arall gennym. Fferm Pantyffynnon yw ein hunig obaith. Wedi cyfnod o newyn fel hwn, mae'n amheus gen i a oes digon o nerth ynom i fynd ar gyrch pell. Felly, fferm Pantyffynnon amdani, er gwaethaf y peryglon amlwg. Gadewch i ni ymddiried felly yn y duw Gwyllawg. Boed iddo ein harbed rhag y Dyn a'i gŵn, canys y mae ei drugaredd ef yn ddiderfyn, a'i gariad yn . . .'

Torrodd Carleg ar draws Tostag yn ei ddull surbwch diamynedd.

'O'r gorau, o'r gorau,' chwyrnodd. 'Cadw dy grefydda i ti dy hun. Pantyffynnon amdani. Bûm yn ysu am ymosod ar y lle am hydoedd. Llyfrdra, nid doethineb yw'r polisi o osgoi'r lle. Does dim ofn na chi na gwn arna i.'

'Llyfrdra.'

Poerodd Teyrnig y gair o'i geg fel casbeth. Gwelais y blew yn codi ar ei war, a'i ddannedd yn ysgyrnygu ar Carleg.

'Y mae pob aelod o'r llwyth hwn yn heliwr dewr.

Nid dyma'r amser i drafod polisi llywodraeth lwyth.
Fe ddaethon ni yma i gynllunio cyrch.'

Tawodd Carleg wrth glywed y ffyrnigrwydd yng
nghyfarthiad fy nhad. Aeth Teyrnig ymlaen, gan
droi at Rostig ei gefnder, a gofyn, 'Rostig, beth yw
dy gyngor?'

Gwenodd Rostig yn araf, gan edmygu awdurdod
amlwg Teyrnig ar y llwyth.

'Dyma fy nghynllun, Frenin,' meddai, gan roi'r
teitl dyledus i'm tad, yr hyn a wnâi bob amser mewn
cyfarfod o'r llwyth. 'Pan gwyd y lleuad heno, dros y
Foel Deg, fe ddechreuwn ar ein ffordd i Banty-
ffynnon. Daw Carleg a Bwyrig a Grithog o Graig y
Bedol yn y Gorllewin, Nerog a Llareg o Ben-y-Gors
yn y De, a thithau a Dilrag oddi yma, gan gyfarfod â
mi wrth y Twll Hir ger yr afon. Dyna dair ffordd
wahanol er mwyn diogelwch. Yna, fe awn gyda'n
gilydd i goedwig fechan y Llwyn Du sydd ger y
fferm. Fe allwn guddio yno, yng nghysgod y coed, a
threfnu rhan olaf y cyrch ar y tai allan oddi yno.'

'Cyngor doeth,' dywedodd fy nhad.

'Diogelwch yw tad pob llwyddiant,' meddai
Rostig, gan edrych yn wawdlyd ar Carleg.

'Dyna ni felly,' meddai Teyrnig. 'Heno amdani, a
boed i Wyllawg ein hamddiffyn yn ei drugaredd,'
meddai, gan droi at Tostag.

'Y mae un peth arall.'

Carleg a lefarodd, gan gamu i gyfeiriad fy nhad, a
oedd yn sefyll ynghanol y cylch. Sylwais ar gyhyrau
ei ysgwyddau yn crynu o dan ei flewyn llwytgoch fel
y symudai. Er gwaethaf ei newyn roedd cryfder corff
y cadno hwn yn amlwg.

'Mae hawl gan bob aelod o'r llwyth i'w fynegi ei hun ar Graig yr Aberth,' atebodd fy nhad yn swta. Ymsythodd Carleg.

'Gan ei bod yn argyfwng arnom, mae'n siŵr y cytunwch i gyd fod yn rhaid i ni ddefnyddio holl adnoddau'r llwyth ar adeg fel hon.'

Siaradai Carleg gydag awdurdod, fel petai ef ei hun yn frenin y llwyth. Roedd e'n hawlio sylw'r cadnoid eraill trwy rym ei bersonoliaeth, er nad oedd yn boblogaidd ganddynt.

'Felly,' aeth Carleg yn ei flaen, 'rydw i o'r farn y dylai Tostag a Gardag ymuno â'r llwyth ar y cyrch heno ar fferm Pantyffynnon. Er nad yw Gardag ond eto'n ifanc, y mae angen pob un o helwyr y llwyth arnom heno, ac fe fydd y cyrch yn brofiad gwerthfawr iddo. Y mae Tostag, er ei fod yn heneiddio, yn heliwr profiadol, ac fe ddylai yntau ymuno â ni heno. Dyna yw ein barn ni'n tri o Graig y Bedol.'

Ar wahân i chwyrniadau isel Bwyrig a Grithog i ategu'r hyn a ddywedodd Carleg, bu ysbaid hir o dawelwch ymhlith y llwyth, wrth iddynt ystyried yr hyn a glywsant. Roedd fy adwaith i fy hun i eiriau Carleg yn gymysgfa o deimladau. Doedd dim a ddymunwn yn fwy na chael ymuno â helwyr y llwyth ar y cyrch i Bantyffynnon. Ar yr un pryd, gwyddwn fod geiriau Carleg yn herio awdurdod fy nhad. Gallwn weld yn ddigon eglur beth oedd y tu ôl i'w gynnig cyfrwys. Gwyddai fod hwn yn gyrch arbennig o beryglus. Gobeithiai y byddai henaint Tostag a'm diffyg profiad innau yn ein harwain i beryg enbyd, petai y Dyn a'i gŵn, Pedro a Largo yn ein herlid. Gwyddai Carleg fod Tostag yn fawr ei barch fel offeiriad y duw Gwyllawg. Fi, wrth gwrs, oedd etifedd fy nhad Teyrnig, ac o gael gwared ar Tostag a minnau ar yr un noson, fe fyddai sefyllfa Teyrnig, fel brenin y llwyth, wedi ei gwanhau'n ddifrifol. Yn anuniongyrchol, roedd geiriau Carleg wedi dangos i bawb mai ei uchelgais danbaid ef oedd bod yn frenin y llwyth yn lle Teyrnig.

Fy nhad oedd y cyntaf i ateb. Camodd Carleg yn ôl i'w le yn y cylch. Dechreuodd nifer o'r cadnoid chwyrnu'n anniddig. Yna llefarodd fy nhad yn isel ond yn eglur, a gwyddwn ei fod yn ei ddisgyblu ei hun rhag dangos ei ddicter.

'Fe glywsoch eiriau Carleg, ac yn wir, farn tri chadno Craig y Bedol,' dywedodd. 'Fel brenin y llwyth, dyma fy mhenderfyniad.'

Ar hynny, torrodd Tostag ar ei draws.

'O Frenin,' meddai, 'mae'r hyn a ddywed Carleg yn wir. Mae'n rhaid i bob aelod o'r llwyth ymuno â'r cyrch hwn. Gyda'th ganiatâd, fe ddeuaf gyda chwi, yn un o'r helwyr i Bantyffynnon heno. Dy ddewis di, O Frenin, yw a ddaw Gardag ai peidio.'

Ymsythodd fy nhad ynghanol y cylch. Edrychodd ar Carleg a'i frodyr, gan ddweud, 'Fe fydd Gardag yn ymuno â ni heno. Croesawn ef i gylch yr helwyr yn swyddogol nawr.'

Yna, heb frys, camodd yn urddasol o'r cylch. Curodd fy nghalon yn gyflym yn fy mynwes. O'r diwedd, fe ddaethai'r awr i mi fynd ar gyrch hela, fel aelod cyflawn o lwyth cadnoid Mynydd y Crugau.

Yn ôl cyngor fy nhad, treuliais weddill y diwrnod hwnnw yn gorffwys yn y ffau gyda Magda, fy mam. Wedi'r newyn hir, roedd angen tolio'r egni a oedd yn fy nghorff ar gyfer cyrch y noson. Yn naturiol, nid oedd fy mam yn awyddus i mi fynd gan fy mod mor ifanc, ond ymdawelodd wedi i Teyrnig ei sicrhau y byddai ef a Rostig yn gofalu amdanaf yn ystod y nos. Hir yw pob aros, a bu gweddill y dydd yn fwrn arnaf. Gorweddais yn y wâl, ond heb fedru gorffwys yn llwyr. Cnoai'r gwacter y tu mewn i mi'n annioddefol ar adegau, ac yr oedd cyffro'r nos a oedd o'm blaen yn fy aflonyddu. Ond, mae'n rhaid fy mod wedi cysgu rhyw gymaint serch hynny. Rwy'n cofio deffro'n sydyn, a chlywed fy nhad yn fy ngalw.

'Gardag, Gardag, mae'n bryd i ni gychwyn.'

Y tu allan i'r ffau, roedd Tostag a Dilrag yn aros amdanom yng ngolau'r lleuad a ddisgleiriai uwchben y Foel Deg. Sleifiodd Dilrag yn agos ataf, gan sibrwd rhyw air o gysur yn fy nghlust. Roedd yntau'n eiddgar i gychwyn ar ein taith.

'Cadw'n agos ataf i, Gardag,' sibrydodd, gan wthio ei ochr lefn yn fy erbyn, nes i mi deimlo gwres ei gorff yn fy nghynhesu.

'Dewch,' meddai fy nhad, 'fe awn ni i lawr at yr afon. Fe fydd Rostig yn aros amdanom wrth y Twll Hir.'

Ni chymerodd Tostag ryw lawer o sylw ohonom, ond wrth i ni ddechrau tuthio, fe sleifiodd yntau yn nes ataf gan anadlu ei neges yn fy nghlust.

'Ymddirieda yng Ngwyllawg.' Dyna i gyd, ond roedd ei eiriau yn ddigon i roi hyder newydd ynof, ac i dawelu'r ofn a oedd yn curo'n wyllt yn fy nghalon.

Dilynasom fy nhad a Tostag, Dilrag a minnau, gan duthio'n ofalus i lawr y llethrau o Graig yr Aberth tuag at yr afon. Roedd y lleuad yn olau, a chadwai fy

nhad a Tostag at y cysgodion, nes cyrraedd y Twll
Hir, lle'r oedd Rostig yn aros yn amyneddgar
amdanom.

'Fe ddaethoch o'r diwedd,' dywedodd. 'Fe awn yn
awr at goedwig y Llwyn Du i gwrdd â'r lleill.
Dewch, does dim amser i'w golli.' Tuthiodd Rostig
a'm tad ymlaen, a minnau, Dilrag a Tostag y tu ôl
iddynt. Teithiasom yn gyflym ar hyd torlan yr afon, i
lawr tuag at gysgodion tywyll y goedlan a oedd ar
gyrion fferm Pantyffynnon. Roedd y ffordd yn
newydd i mi. Doeddwn i erioed wedi teithio mor bell
o'm cynefin ar Fynydd y Crugau o'r blaen. Yng
ngolau'r lleuad, gallwn weld Cwm Pedol yn lledu
o'm blaen, ac yn arwain i lawr tuag at y Dyffryn
Mawr. Roedd y tir yn feddal dan fy nhraed ar lan yr
afon, a'r wlad yn llai caregog, ac yn fwy coediog na
bro fynyddig ein cartref uchel ni. Diflannodd fy
newyn a'm hofn yng nghyffro'r helfa, cyffro a'm
meddiannodd yn llwyr wrth i mi duthio gyda Dilrag
a Tostag wrth fy ochr. Dyma oedd byw, dyma oedd
cyflawni ystyr fy modolaeth. Disgleiriai'r dorlan
wen yng ngolau'r lleuad fel llwybr hud o dan fy
nhraed.

Cyn bo hir, cyraeddasom ffiniau'r Llwyn Du.
Doedd neb i'w weld ar gyfyl y lle, ond gallwn
glywed sisialon ysgafn yn dod o berfeddion y
goedwig fechan. Aethom i mewn i gysgodion tywyll
y coed, ac yn sydyn, daethom o hyd i gadnoid eraill y
llwyth yn gorwedd yn y gwyll, o amgylch onnen go
braff ynghanol y llwyn o goed. Yno, roedd Carleg a
Bwyrig a Grithog o Graig y Bedol yn agos at ei
gilydd, a hefyd Nerog a Llareg o Ben-y-Gors heb fod

ymhell oddi wrthynt. Roedd yn amlwg mai newydd gyrraedd oeddent hwythau, gan eu bod i gyd yn anadlu'n drwm.

'Croeso i'r man cyfarfod,' sibrydodd Teyrnig. 'Beth am drefnu ymosodiad ar y ffermdy ei hun? Rostig, beth yw dy gynllun?'

'Yr unig gynllun sydd gen i yw ein bod yn ymosod gyda'n gilydd. Does dim diben i ni fynd mewn deuoedd a thrioedd. Fe fydd digon o glochdar i ddeffro'r meirw pan ddihuna'r ceiliog cyntaf. Felly, un ymosodiad sydyn ar y tai allan amdani. Dyna fy nghyngor i, O Frenin.'

'Cyngor da,' sibrydodd Teyrnig. Ymddangosai fod pawb, hyd yn oed Carleg, yn cytuno.

Heb siw na miw, sleifiasom allan o'r goedwig fechan, gan gadw'n glòs at ein gilydd. Crynais mewn ofn, a llyfais fy ngweflau â'm tafod crasboeth. Gwyddwn petai un o'r ddau gi, Pedro neu Largo, yn digwydd bod ar ddihun ac yn clywed y sŵn lleiaf, y byddai ar ben arnom. Ond yn sydyn fe glywais fy nhad yn sibrwd wrthyf.

'Gwna'n siŵr dy fod di'n cadw'n agos ataf i nes ein bod yn cyrraedd adre.'

Cydsyniais trwy fy ngwthio fy hun yn erbyn ei gorff. Ar hynny, gallwn weld muriau ffermdy Panty-ffynnon yn ymsythu'n ddig o'n blaenau, a'i ffenestri yn wyn yng ngolau'r lleuad, fel llygaid yn rhythu arnom yn fygythiol, wrth i ni nesu at y wal isel a amgylchynai'r buarth. I'r chwith o'r ffermdy, yr oedd rhes o dai allan yn cyrcydu'n isel fel cŵn rheibus, yn cysgu'n swrth wedi slafdod y dydd, ond fel petaent yn barod, pe dihunent, i lamu arnom, a'n difa â'u dannedd gwynion. Dringasom dros y wal isel yn berffaith ddistaw, gan gadw'n ddwfn yn y cysgodion; ac yna, sleifiasom at y sied olaf ar y chwith ger yr hen sgubor garreg. Roedd popeth cyn ddistawed â'r bedd.

Yna, fel petai rhyw reddf dorfol yn ein harwain, ymffurfiasom y tu ôl i Teyrnig a Tostag, ddau yn ddau, Rostig a minnau, Dilrag a Bwyrig, Nerog a Llareg, ac yna, Carleg a Grithog yn y cefn. Ar y foment honno, roeddem wedi ein huno gyda'n gilydd gan un dyhead, ac yn barod i gyflawni'r rheidrwydd hwnnw a oedd yn ddwfn yn hanfod ein natur.

'Nawr,' sibrydodd fy nhad, ac fel mellten goch, neidiasom, un ar ôl y llall, drwy ffenestr uchel y sied. Er i mi geisio cofio, ac ail-fyw yr hyn a ddigwyddodd wedyn laweroedd o weithiau, nid oes ond llu o argraffiadau digyswllt, fel deiliach yr hydref, yn lliwgar, grin, ar waelod y cof. Lliwiau browngoch y cysgodion yn y cut ieir tywyll, sgrechfeydd oerllyd y panig sydyn yn rhwygo'r distawrwydd, wrth i ddant suddo i gnawd, arogl mwll y lle yn codi o'r baw a'r llaid dan ein traed, ac ysgafnder plu ar flaen fy nhrwyn. Roedd gofod cyfyng y cut ieir yn llawn o gyrff llyfn llwynogod yn gweu trwy ei gilydd wrth iddynt gyflawni eu gwaith gwaedlyd. Neidiais yn sydyn ar ben gwynder crynedig iâr a oedd yn hofran o'm blaen, a suddais fy nannedd i mewn i'r cnawd cynnes gwlyb dan y plu meddal, hyd at asgwrn y gwddf. Roedd cyffro'r helfa yn gryndod yn fy nghyhyrau. Mewn eiliadau wedyn, gwelais silŵet corff fy nhad yn llamu tuag at y ffenestr agored yng ngolau egwan y lleuad. Roedd ffurf ceiliog llonydd fel petai'n glynu wrth ei geg. Dilynais ef gan neidio'n gyflym drwy'r ffenestr uchel, a'r iâr yn ddiogel rhwng fy nannedd.

Ni allaf gofio manylion yr hyn a ddigwyddodd wedyn. Roeddwn yn rhy brysur yn ceisio cadw fy llygaid ar gorff gwibiog fy nhad wrth wneud fy ngorau i'w ddilyn. Teflais gorff yr iâr dros fy ysgwydd, gan ddal gafael ar ei gwddf yn dynn rhwng fy nannedd ac anelais at y wal isel a amgylchynai fuarth y fferm, gan groesi yn yr union fan lle croesodd fy nhad Teyrnig eiliadau ynghynt. Clywais duthian rheolaidd gweddill y llwyth yn agos ataf, ond nid anghofiaf fyth yr ofn oer, fel llafn yn fy nghalon, pan glywais gyfarth gwyllt a ffyrnig dau gi o'r tu ôl i mi yng nghyffiniau'r cut ieir. Roedd Pedro a Largo ar ein holau, wedi eu deffro'n llidiog gan sgrechfeydd yr ieir a'r ceiliogod. Brathais yn sicrach yng ngwddf yr iâr yn fy ngheg, a rhedais, heb geisio meddwl am ddim ond diogelwch ein ffau ar Fynydd y Crugau. Wedi gadael cysgod y fferm a chyrraedd torlan yr afon, gallwn weld Teyrnig ryw ddeg llath o'm blaen, a Rostig a Dilrag ar y chwith iddo. Roedd Carleg a Grithog ar y dde ychydig y tu ôl iddo, yn gwibio dros y tir gwastad, ac yn ei ddal i fyny'n gyflym. Ar hynny, arhosodd Teyrnig, a throi yn ôl yn sydyn. Pan welodd fy mod yn agos ato, dechreuodd redeg ymlaen eto. Erbyn hyn, gwelwn drwy gornel fy llygaid fod Nerog a Llareg a Bwyrig ar yr ochr dde i mi. Yr unig un ar ôl oedd Tostag, ond gallwn glywed ei anadlu trwm yntau yn union y tu ôl i mi.

Yn raddol, sylwais fod y tir o dan fy nhraed yn fwy caregog erbyn hyn. Roeddem wedi gadael torlan yr afon, ac yn dringo'n gyflym ar hyd llethrau'r mynydd tuag at Graig yr Aberth. Roedd cyfarth y cŵn i'w glywed ymhell y tu ôl i mi, diolch byth, ac yn gwanychu yn y pellter. Anadlais yn rheolaidd, a theimlais fod fy nghorff yn dechrau trymhau gan flinder a newyn. Ond yr oedd rhyw falchder dieithr yn canu yn fy nghalon. Roeddwn wedi llwyddo ar fy nghyrch cyntaf, a hwnnw yn gyrch arbennig o beryglus; ar fferm Pantyffynnon o bobman. Rhedais ymlaen, a'r gorfoledd newydd hwn yn adnewyddu fy nerth fel y gwelwn Graig yr Aberth yn ariannaidd yng ngolau'r lloer o'm blaen. Roeddwn bron â chyrraedd adref, yn aelod cyflawn o helwyr y llwyth, iâr dew yn fy ngheg, cyfarth cŵn yn hollti'r tawelwch filltiroedd diogel y tu ôl i mi, a thuthian fy nghyd-helwyr yn gysur yn fy nghlustiau. Teimlais unwaith eto, grafiad creulon y newyn yn fy mol, ond gwyddwn mai byr fyddai ei barhad. Wedi'r ddefod o amgylch Craig yr Aberth, fe fyddai gwledd yn fy aros.

PENNOD III

Coch

A'r haul yn suddo ar orwel y Gorllewin, mae cochni'r machlud yn llifo dros y tir. Coch yw fy myd heno ar Fynydd y Crugau, a gwaed yn lle golau sy'n llifo o gostrel Lleuwen, dros y garreg hon ar Graig yr Aberth, dros y grug a'r llus, dros yr eithin a'r gwair. Eisteddaf yma ar y Graig, a'r cochni hwn yn lliwio fy atgofion; atgofion gludiog am greulonderau cyntefig, cas; atgofion sy'n ceulo'n galed yn archollion fy nghof.

Yn ystod y flwyddyn a aeth heibio, wedi fy nghyrch cyntaf ar fferm Pantyffynnon, tyfais yn gadno cryf, yn fwy hyderus a deheuig fel un o helwyr y llwyth. Ymhen y flwyddyn honno, roeddwn yn gadno arbennig o fawr fel fy nhad Teyrnig; a derbyniwyd fi gan y llwyth fel etifedd teilwng i'm tad. Tyfodd y cyfeillgarwch rhwng Dilrag a minnau, a chrwydrasom lechweddau'r mynydd a thorlan yr afon Pedol gyda'n gilydd, yn hela cwningod a llygod, nes dod yn bencampwyr ar ein crefft. Dysgais rowlio'n ddiniwed a chwareus yn y glaswellt yn y meysydd bach cul ar lan yr afon lle'r oedd tyllau'r cwningod. Yna, deuai un neu ddwy ohonynt allan i syllu arnaf, gan ddod yn nes ataf, yn raddol, gan

40

feddwl chwarae gyda mi. Y gamp oedd fy nisgyblu fy hun, gan barhau i ymddwyn yn ddiniwed, nes y deuai un ohonynt yn ddigon agos yn ei chwilfrydedd ffôl. Drwy amseru fy naid yn ofalus, llwyddwn, fel Dilrag yntau, i gael digon o gig i'm cynnal yn ystod cyfnod fy mhrifiant cyflym.

Weithiau, fe grwydrai oen i lawr o Fynydd Pen y Clogau yn y Gogledd, lle'r oedd y diadelloedd yn pori, i lawr at lethrau deheuol y Garreg Fraith. Mae'n wir mai anaml y digwyddai hynny, ond pan ddeuai un ohonynt, fe glywem ei frefu gorffwyll o gyffiniau Craig yr Aberth. Pan ddigwyddai hynny, fe saethai Dilrag a minnau i fyny'n gyflym i gyfeiriad y sŵn. Gwaith anodd yw lladd oen, gan ei fod, wedi'r cwbl, yn fwy o ran maint na'r un creadur arall sy'n ysglyfaeth i ni. Roedd yn waith peryglus hefyd, oherwydd weithiau, fe ddeuai Pedro a Largo, cŵn Pantyffynnon, i lawr o ben y Clogau, fel dwy fellten ddu i achub yr oen. Pan ddeuent, ciliem ninnau yn ôl i ddiogelwch ein ffeuau ar Graig yr Aberth, yn siomedig, ond yn ddiolchgar am loches.

Rwy'n cofio mai ar achlysur hela oen y daeth i mi un o brofiadau mwyaf erchyll fy mywyd, profiad a fu'n archoll yn fy nghof hyd heddiw. Roedd hi'n hwyr yn y prynhawn ym mis Chwefror, y dydd yn dal yn fyr, a chochni'r machlud eisoes yn dechrau lliwio'r tir. Bu Dilrag a minnau yn hela llygod yng nghyffiniau'r Twll Hir gyda Rostig, heb fod yn rhyw bell iawn o'i ffau. Roedd Teyrnig wedi mynd i Ben-y-Gors i weld Llareg a Nerog, ar ryw fusnes yn ymwneud â llywodraeth y llwyth. Wrth oedi yn llonydd ac yn amyneddgar uwchben tyllau'r llygod, fe glywsom frefiadau oen yn dod o gyfeiriad y Garreg Fraith. Roedd panig amlwg yn y llais crynedig, a chwyrnodd Rostig ei orchymyn arnom i'w ddilyn yn ddi-oed. Rhedasom ein tri tua chyfeiriad y brefiadau, ar hyd y tir gwastad ar lan yr afon, tuag at lethrau isaf y Garreg Fraith, a'r meddwl am flas cig oen yn tynnu dŵr o'r dannedd. Fe fyddai oen cyfan yn fwyd am ddau ddiwrnod o leiaf. Wrth redeg, teimlais fod rhyw rym wedi fy meddiannu, grym a oedd yn hŷn na Dyn a chreadur, yn hŷn na'r duw Gwyllawg ei hun. Hwn oedd hen rym y creulonder cyntefig a feddiannai bob Dyn ac anifail ar adegau, grym a'i llusgasai ei hun drwy'r ddaear ar ei dor o genhedlaeth i genhedlaeth. Iddo, fe dalai pob un ohonom ei wrogaeth, yn dâl am ei fyw main, ansicr. Gwyddwn, ar y foment honno, trwy reddf, mai'r unig gyfraith a ddeilliai o lywodraeth y grym hwnnw oedd fod yn rhaid i'r cryfaf drechu, a deëllais pam yr oeddwn ar yr eiliad honno yn rhedeg ar draws y tir, fy nannedd yn ysu am gnawd, a'm tafod am waed.

Symudasom yn gyflym tuag at y Garreg Fraith, nes gweld yr oen yn crwydro i lawr tuag atom, ryw filltir i'r dwyrain o Graig yr Aberth. Rhedodd yr oen, ac yna, safodd, yn ei ansicrwydd ifanc, ei ben yn troi yn sydyn hwnt ac yma. Pranciodd yn ôl, wedyn ymlaen, gan droi weithiau i'r dde, ac yna, i'r chwith. Safodd wedyn, am ysbaid, ac yna, dechreuodd redeg tuag atom, ei frefiadau yn dirwyn drwy'r awyr denau fel rhaff frau. Curodd fy nghalon yn gyflymach. Mae'n rhyfedd fel y daw yr un cyffro i feddiannu fy nghorff bob tro wrth hela. Mae'r

cyhyrau yn tynhau, a'r synhwyrau'n miniogi. Daw
rhyw eglurder newydd i'm golwg ac i'm clustiau.
Mae pob lliw yn fwy llachar, pob swn yn fwy
clywadwy. Dywedai Tostag mai rhodd y duw
Gwyllawg oedd y synhwyrusrwydd llymach hwn a
ddeuai i ni ar adeg helfa; a diolchais i Wyllawg
amdano lawer gwaith. Wedi ein gweld yn nesu ato,
dechreuodd yr oen redeg oddi wrthym ar unwaith.
Arafodd Rostig, yn ei ffordd gyfrwys, er mwyn
gweld i ba gyfeiriad yr anelai'r oen, ond yr oeddwn i
a Dilrag ar ei drywydd. Roedd fy nghlustiau yn llawn
o frefiadau rhwygol yr anifail a swn ein tuthio cyflym
wrth i'n traed daro'r cerrig ar yr esgair.

O'r chwith, gwelais Rostig yn saethu fel llinell
goch, wrth iddo neidio at wddf yr oen, ei ddannedd
yn suddo i'r cnu cyrliog. Yna, gwelais y ddeugorff yn
syrthio ac yn ymrowlio dros gerrig y dibyn bach, a
ymwthiai fel asgwrn drwy'r pridd tenau. Wedyn,
gwelais y gwaed, gwaed cynnes yn llifo ar y cerrig
a'r grug, gwaed i'w lyfu a'i larpio. Clywais anadl a
gwaed yn berwi yng ngheg yr oen wrth iddo ymdroi
ar y ddaear. Roedd darnau o wlân yn gymysg â'r
grug, a Rostig o dan gorff crynedig yr oen. Daeth
arogl cadno a dafad, cachu a chig, arswyd a gwewyr i
lanw fy ffroenau. Fe'i gwthiodd Rostig ei hun yn
rhydd o gorff yr oen, a brathodd y pen cegrwth a'r
llygaid agored. Llamodd Dilrag at y gwddf, gan afael
â'i ddannedd ar ddarn o gnawd gwlanog a ddaethai
o'r archoll agored. Fel y tynnodd, daeth arllwysiad
sydyn o waed i ddiferu dros ei wyneb. Syrthiodd yn
ôl ar ei gefn, ond mewn eiliad, llamodd yn ôl eto at
gorff yr oen. Neidiais innau nawr at y creadur, gan

deimlo ei gorff yn llonyddu fel y gorchfygid ef gan angau. Wrth i mi gladdu fy nannedd yn y cnawd, a llyfu'r gwaed cynnes, gwelais fod Rostig yn gwaedu o rwyg dwfn yn ei ystlys, a blasais waed cadno yn gymysg â gwaed dafad ar fy nhafod.

Wedi rhwygo'r stumog ar agor, fe lusgasom y coluddion poeth allan ar y grug a'r cerrig, gan lyfu a sugno'n awchus. Yna, yn ôl â ni at y corff, a chnoi ar yr esgyrn yn yr asennau. Gwelais Rostig a Dilrag yn ymladd dros y galon a'r iau. Yna, cydiais, a thynnu â'm holl egni, nes rhwygo'r fforddwyd dde, gewyn ac asgwrn a chroen, oddi wrth weddill y corff. Gorweddais ar y grug, yn llyfu a sugno, rhwygo a chrensian y cig coch rhwng fy nannedd.

A ninnau'n gwledda yno ar lethrau'r Garreg Fraith, ni sylwasom ar bedwar cadno yn teithio'n gyflym tuag atom, o gyfeiriad Craig y Bedol, nes eu bod yn agos atom — rhyw ganllath, a dweud y gwir.

'Gardag, Dilrag,' cyfarthodd Rostig ein henwau, er mwyn tynnu ein sylw at y pedwar a symudasai'n gyflym tuag atom. Llyfais fy ngweflau, a symudais yn nes at Rostig a Dilrag, gan gadw fy llygad ar y pedwar cadno a ddeuai'n gyflym i lawr y llethr tuag atom. Cadnoid Craig y Bedol oeddent, a'u cotiau yn fwy llwydaidd eu blew na'n cotiau ni. Roedd Bwyrig a Grithog yno, yn sicr, ond doedd dim sôn am Carleg, diolch byth. Y ddau gadno arall oedd Gwyndag, mab Bwyrig, a Tareg, mab Grithog. Roedd y ddau hyn yn iau na mi a Dilrag, ac nid oeddem wedi eu gweld ers rhai misoedd. Fe dueddai cadnoid Craig y Bedol i gadw'n fwyfwy at eu tiriogaeth eu hunain. Carleg, mae'n debyg, oedd yn gyfrifol am y polisi hwn o gadw draw oddi wrthym ni, gadnoid Craig yr Aberth. Sylwais yn awr, sut bynnag, fod y ddau, Gwyndag a Tareg, wedi tyfu'n ddau greadur cryf, yn etifeddion teilwng o nerth a chyflymder cadnoid Craig y Bedol.

Dyna lle'r oedd y tri ohonom, Rostig, Dilrag a minnau, yn sefyll fel gwarchodwyr ansicr o flaen celain rwygiedig yr oen, gan wylio'r pedwar yn nesu tuag atom. Yna, gan ein hanwybyddu'n llwyr, fe neidiodd y pedwar at gorff yr oen, gan ddechrau rhwygo'r hyn oedd yn weddill â'u ddannedd miniog. Am eiliad neu ddwy, ni symudodd yr un ohonom, mewn syfrdandod mud. Fe fu yn ddeddf sefydlog yn ein llwyth ni nad oes hawl gan yr un ohonom i fwyda ar ysglyfaeth un arall heb ganiatâd y lladdwr. Dyna oedd y drefn er cyn cof. Fe'i hystyrid yn anghwrtais i wrthod cyfran o ysglyfaeth i aelod arall o'r llwyth, ac yntau ar ei gythlwng, ond sarhad eithaf oedd bwyta ysglyfaeth cadno arall heb wahoddiad. Yna, fel petai rhyw linyn anweledig yn ein cydio ynghyd, llamodd y tri ohonom fel un at gadnoid Craig y Bedol, ein dannedd wedi eu noethi ar gyfer brwydr. Anelodd Rostig at Bwyrig a Gwyndag; neidiodd Dilrag am ben Grithog, a minnau gyda rhyw gasineb llosg yn llanw fy ymennydd, am ben Tareg. Cleddais fy nannedd yn ei war, a'i dynnu oddi ar yr oen wrth rowlio i'r dde. Yn awr, roedd ei ystlys yn pwyso'n drwm arnaf, a minnau'n rhannol o dan ei gorff; ond roedd fy ngheg yn dal yn ei war, a brathais yn ddyfnach, a theimlais ei gorff yn gwingo mewn gwewyr. Ond llwyddodd i gael ei draed ôl ar y ddaear, a chyda naid nerthol, ymryddhaodd o'm gafael. Trodd yn awr i'm hwynebu, a llamodd, gan anelu at fy ngwddf. Troais i'r chwith mewn pryd i'w osgoi, ond llwyddodd i frathu fy ystlys dde, a gwaedais. Meddiannwyd fi gan yr ysfa i'w ladd. Roedd o'm blaen eto, yn chwilio am fantais. Saethais at ei wddf, a gafaelais ynddo o dan ei ên. Gwthiais ei ben yn ôl â'm talcen, a rhwygais wythiennau ei wddf. Pan droais oddi wrtho, roedd Tareg fab Grithog yn marw'n dawel ar lethrau'r Garreg Fraith. Roeddwn wedi lladd aelod o'r llwyth.

Roedd y frwydr yn parhau o'm cwmpas. Sylwais fod clwyf dwfn rhwng dwy glust Dilrag a'r gwaed yn ceulo'n ddu ar ei dalcen. Roedd Rostig yn dal i ymladd yn ffyrnig, ond cyn i mi allu gwneud dim i helpu fy nghyfeillion, clywais gyfarth cŵn y tu ôl i mi. Ymddangosai fod pob un ohonom wedi ei glywed. Llai na chanllath i ffwrdd, gwelsom ddau gi Pantyffynnon, Pedro a Largo, yn rhedeg yn gyflym tuag atom. Roedd yn amlwg eu bod wedi dilyn yr oen i lawr o dir pori Pen y Clogau, ac fel cŵn defaid da, wedi dod i lawr i'r Garreg Fraith i'w arwain yn ôl at y praidd. Doedd dim amdani ond gadael maes y gyflafan, a dianc nerth ein traed oddi wrth gynddaredd y cŵn. Fflachiodd Bwyrig a Grithog i'r dde i gyfeiriad Craig y Bedol, a llamodd Rostig, Dilrag a minnau tuag at Graig yr Aberth a diogelwch ein ffeuau. Gallwn weld Tareg yn gorwedd ar y llawr, a Gwyndag, fab Bwyrig yn ceisio'i lusgo ei hun o'r ffordd, ond ymddangosai fel petai wedi ei glwyfo'n dost, a chyn pen dim amser, gallwn ei glywed yn udo'n druenus wrth i'r cŵn du afael ynddo.

Wrth redeg, roedd dau beth yn fy nghysuro. Gwyddwn y byddai'r cŵn yn rhy brysur wrth eu gwaith erchyll ar gyrff Gwyndag a Tareg, i'n dilyn ni ymhellach. Yn ail, roeddwn yn sicr fod pob un o'r cadnoid yn rhy brysur i sylweddoli mai fi oedd wedi lladd Tareg. Mewn gwirionedd, yr oedd dyfodiad sydyn y cŵn wedi fy achub. Yn ôl deddfau'r llwyth, roedd lladd aelod arall yn drosedd ddifrifol. Y gosb oedd cael eich diarddel o'r llwyth am byth. Fe fyddai gorfod gadael Mynydd y Crugau, a'm cartref a'm teulu, yn ormod i'w ddioddef gennyf. Gallwn ddiolch i'r duw Gwyllawg fod y cŵn wedi dod. Fe gredasai pawb mai hwy a laddasai Tareg yn ogystal â Gwyndag. Gyda chyfrwystra cynhenid fy hil, penderfynais y foment honno, na ddywedwn fy nghyfrinach wrth yr un creadur byw. O'm blaen, codai Craig yr Aberth, fel caer gadarn yn erbyn yr awyr dywyll. Dyma oedd fy noddfa, fy amddiffynfa rhag y grymusterau erchyll sy'n peryglu bodolaeth.

Wn i ddim sut y llwyddasom, Dilrag a minnau, yn ein gwendid, i ddilyn Rostig yn ôl i Graig yr Aberth. Roeddwn i fy hun wedi colli llawer o waed o'r clwyf yn fy ystlys, ond yr oedd cyflwr Dilrag yn waeth. Gwelais ef yn llithro a syrthio lawer gwaith y tu ôl i mi, ond llwyddai i godi bob tro, trwy rym ei ewyllys. Erbyn hyn, yr oedd hi ar fin nosi, ond fe grynai rhyw-faint o oleuni'r machlud yn yr awyr, rhyw gochni dwfn, fel gwaed, gwaed yr oen, gwaed Tareg, gwaed Gwyndag, a'm gwaed innau a ddaliai i lifo o'r clwyf yn fy ochr.

O'r diwedd, roeddwn wedi cyrraedd Craig yr Aberth. Dilynais fy nhrwyn i'm ffau, fy nghoesau'n rhoi o danaf, bob yn ail. Wedi iddi weld fy nghyflwr, llyfodd fy mam Magda fy nghlwyf er mwyn ei lanhau. Yna, aeth popeth yn ddu arnaf, a rhaid fy mod wedi cysgu am rai oriau. Pan agorais fy llygaid, gwelais fy nhad Teyrnig yn ymdroi'n ddiamynedd o gwmpas y ffau. Cyn gynted ag y chwyrnais, llamodd at fy ochr, a'i ryddhad wrth fy ngweld yn dod ataf fy hun yn amlwg yn ei lygaid. Fe wyddai am fanylion y digwyddiad i gyd, gan fod Rostig wedi adrodd popeth wrtho, cyn iddo ddychwelyd i orffwys yn ei ffau yn y Twll Hir. Ond ni fynnai Teyrnig drafod dim gyda mi y funud honno, gan fy mod yn dal mewn gwendid mawr.

Gwyddwn wrth ei ymddygiad fod ei gasineb at lwynogod Craig y Bedol wedi dyfnhau'n gyn-ddaredd enbyd yn ei galon, wedi iddo glywed am y modd yr ymosododd Bwyrig a Grithog ar yr oen heb ganiatâd. Polisi fy nhad Teyrnig, fel brenin y llwyth, oedd glynu at draddodiad a deddf bob amser.

Gwelai'r gwaharddiadau a'r arferion llwythol hyn fel canllawiau llywodraethol iddo fel brenin. Oni ddaethant, wedi'r cwbl, yn ddulliau o ymddwyn a oedd wedi tyfu yn rhan o fywyd y llwyth dros ganrif-oedd o gyd-fyw a chydymdrechu yn ein byd ar Fynydd y Crugau? Pwy oeddem ni i dorri ar draddodiadau a oedd yn ddistylliad o ddoethineb cenedlaethau o lwynogod? Fel brenin doeth, fe welai Teyrnig ein bodolaeth ni, y llwyth presennol, fel rhan o barhad di-dor ein hil yn y parthau hyn. Onid etifeddion ein gorffennol oeddem? Ni ddangosai drugaredd at unrhyw un o'r llwyth a feiddiai dorri deddf ac amharchu'r traddodiadau.

Fedra i ddim cofio'n iawn am faint o amser y bûm i'n gorwedd yn y ffau. Cefais fy mwydo'n ddigonol gan fy mam, Magda. Rhoddodd i mi'r cig gorau y gallai gael gafael arno. Âi fy nhad allan i hela bob nos. Cyn bo hir, o dan y gofal hwn, dechreuais gryfhau, a'r peth cyntaf a ddaeth i'm poeni oedd clywed am gyflwr truenus fy nghyfaill Dilrag. Ymddangosai ei fod wedi colli ei synnwyr, fel petai'r clwyf yn ei ben wedi ei amddifadu o'r gallu i feddwl o gwbl. Fe'm llusgais fy hun allan o'r ffau, a throediais yn araf at ffau gyfagos Dilrag a'i fam Lacda. Wedi i'm llygaid gynefino â'r gwyll yn y ffau, gwelais Dilrag yn gorwedd yn swrth yn y gornel, a rhyw olwg bell yn ei lygaid. Roedd y clwyf rhwng ei ddwy glust yn graith hagr erbyn hyn. 'Dilrag,' dywedais, ond edrychodd arnaf fel pe na bai wedi fy ngweld erioed o'r blaen. Yna, llefarodd, fel petai'n annerch rhyw bresenoldeb cudd y tu mewn iddo.

'Mae'r sêr yn llosgi yn fy mhen, yn fy mhen,

fflamau, fflamau, fflamau. Mae'r afon wedi rhewi yn
fy mhen, yn fy mhen, gwyn, gwyn, gwyn. Mae'r
lleuad yn codi yn fy mhen, yn fy mhen, arian, arian,
arian. Mae'r nos yn chwyddo yn fy mhen, yn fy
mhen, llwyd, llwyd, llwyd, Mae'r haul yn berwi yn
fy mhen, yn fy mhen, melyn, melyn, melyn. Mae
brân yn hedfan yn fy mhen, yn fy mhen, du, du, du.'
   Ailadroddodd y geiriau rhyfedd hyn, fel petai heb
sylweddoli fy mod i yno.
   'Dilrag,' dywedais eto, gan dorri ar ei draws.
   'Gardag sydd yma, gwranda arna i, edrych arna i,
wyt ti ddim yn fy nabod?'
   Syllodd o'i flaen, yno yn y ffau, fel petai'n
anymwybodol o bresenoldeb neb arall. Yna, dech-
reuodd riddfan, a chipial yn wallgof, nes bod ei sŵn
yn fy myddaru yng nghyfyngder y ffau. Symudais
ato, i geisio ei dawelu, trwy ei lyfu, ac yngan geiriau
cysurlon wrtho. Yn raddol, ymdawelodd, ac yna,
llefarodd eto; ond heb edrych arnaf, fel petai'n
cynnal sgwrs â rhywun anweledig, mewn byd lle'r
oedd rheswm a threfn wedi diflannu. Baglodd y
geiriau o'i enau, fel dŵr dros gerrig afon Pedol.
   'Traed yn y gwaed, pant, dant, mae e'n ddu, mae
e'n goch, mae e'n wyrdd. Rhwygaf, llyfaf, bwytaf,
yfaf; mae gyddfau gwyddau'n gwaedu. Gwnaf fy
ngwâl mewn cig, mewn cig; pig y cyffylog sy'n pigo.
Poen, hoen, croen, oen; a oes mêl yn yr haul?' Yna,
peidiodd yn sydyn, gan gladdu ei ben rhwng ei
goesau blaen, fel petai'n cysgu. Sleifiais yn drist o'r
ffau, gan gropian yn ôl i'n ffau ni mewn tristwch
llethol.
   Yn weddol fuan wedi hynny, cynhaliwyd cynhad-

ledd o'r llwyth gan fy nhad. Penderfyniad Teyrnig oedd diarddel llwynogod Craig y Bedol o lwyth cadnoid Mynydd y Crugau. Aeth Carleg a'i frodyr yn ôl i'w ffeuau o'r gynhadledd gan wybod eu bod o hyn ymlaen yn gorfod dibynnu ar eu hadnoddau eu hunain er mwyn byw. Roedd Carleg yn awr yn frenin ar ei lwyth bach ei hun, gan addo cadw at ei diriogaeth yng Ngorllewin y Crugau, o amgylch Craig y Bedol. Roedd Dwyrain Mynydd y Crugau, dyffryn isaf afon Pedol, a'r Foel Deg i aros yn rhannau o diriogaeth fy nhad, Teyrnig. Dyna oedd y penderfyniad, ond fe wyddai pob un ohonom mai dyma oedd un o'r argyfyngau enbytaf a ddaeth i fywyd ein llwyth ni er cyn cof. Roedd y dyfodol yn llawn o ansicrwydd a pherygl. Sut y gallai dau frenin a dwy diriogaeth annibynnol fodoli yn ein byd ni? Gwyddwn yn fy nghalon fod y sefyllfa yn un drych-inebus. Pan ddeuai'r amser i mi etifeddu teyrnas fy nhad Teyrnig, gwaith fy mywyd fyddai creu undod newydd, un llwyth, ac un deyrnas yn ein byd ni ar Fynydd y Crugau.

Cyn pen y mis, diflannodd Dilrag o'i wâl. Bu cadnoid y llwyth yn chwilio amdano am ddyddiau, a Lacda ei fam mewn pryder dwfn. O'r diwedd daeth Llareg a Nerog, cadnoid Pen-y-Gors o hyd i'w gorff ar waelod craig serth ar Fynydd y Foel Deg. Ymddangosai ei fod wedi llamu dros y graig yn ei wallgofrwydd, ac wedi'i ladd ei hun. Ehedodd y brain i fwrdd wrth iddynt nesáu at ei gorff. Roeddwn i wedi colli fy nghyfaill pennaf.

PENNOD IV

Oren

Wrth eistedd yma ar Graig yr Aberth, fe welaf yr haul yn codi dros orwel y Garreg Fraith. Fe sylwais yn ddiweddar fod angen llai o gwsg arnaf wrth i mi fynd yn hŷn. Rwy'n cofio'r amser pan allwn gysgu'n drwm drwy'r dydd, bron, yng nghlydwch fy ffau, wedi cyrch nos go hir; ond erbyn hyn, rwy'n deffro'n gynnar bob bore yn ddieithriad. Y bore 'ma, fe ddes i allan o'm ffau yn gynnar i'r Graig er mwyn gwylio golau oren y wawr yn ymestyn dros y mynydd, ac yn llifo fel ffrwd ddisglair i lawr tuag at gwm afon Pedol. Fel y mae tarth y bore yn gwasgaru dan oleuni'r dduwies Lleuwen, felly y mae'r poenau a'r pryderon yn diflannu, wrth i gynhesrwydd oren fy atgofion ymledu yn fy meddwl, a minnau'n gorwedd yma ar Graig yr Aberth.

Rai misoedd wedi i mi gryfhau ar ôl y frwydr ar lethrau'r Garreg Fraith, fe ddes i'n gyfeillgar â Mendig, mab Llareg, un o gadnoid Pen-y-Gors ar Fynydd y Foel Deg, a ymsythai'n hardd ar yr ochr arall i'r afon o Graig yr Aberth. Roeddwn wedi colli fy nghyfaill pennaf, Dilrag, ac yn fy unigrwydd, chwiliais am gyfaill arall yn ei le. Roedd Mendig rhyw ychydig yn iau na mi, er ei fod eisoes wedi'i brofi ei hun yn heliwr beiddgar, ac yn rhedwr heb ei ail. Yn wir, rwy'n meddwl mai ei feiddgarwch, a'i fenter ddi-hid, oedd un o'r pethau yn ei bersonoliaeth a'm denodd ato yn y lle cyntaf. Gall creaduriaid o wahanol dueddiadau dyfu yn gyfeillion clòs weithiau, fel petai eu gwahaniaethau yn eu denu at ei gilydd. Roeddwn i fy hun yn debycach i'm tad, yn tueddu i fod yn ofalus ac yn gynllwyngar yn fy ffordd. Yr oedd Mendig, ar y llaw arall, yn debycach i'w deulu yntau, cadnoid Pen-y-Gors. Mae'n rhyfedd fel y mae rhyw arbenigrwydd fel yna yn tyfu'n draddodiad mewn teulu y tu mewn i'r llwyth. Traddodiad y llywodraethwyr pwyllog, cyfrwys oedd yn nodweddu fy nheulu i, ac yn enwedig Teyrnig fy nhad. Roedd cadnoid Pen-y-Gors, ar y llaw arall, yn llawer mwy agored a byrbwyll eu tueddiadau. Ers cenedlaethau, roedd eu cyndeidiau wedi byw yno yn eu ffeuau ar Ben-y-Gors ar lethrau'r Foel Deg, ac oddi yno, gallent weld rhan isaf dyffryn Pedol, fferm Pantyffynnon, ac yn wir rannau o'r Dyffryn Mawr yn agor allan yn y pellter. Roedd safle eu cartref wedi eu cyflyru i edrych allan o'n byd ni ar Fynydd y Crugau. Cadnoid Pen-y-Gors, wedi'r cwbl, oedd gwarchodwyr swyddogol ein byd ni er cyn cof. Sut bynnag, doedd dim amheuaeth fod cadnoid Pen-y-Gors, Mendig yn arbennig, yn fwy mentrus, ac yn fwy anystyriol o berygl na ni, gadnoid gofalus Craig yr Aberth.

Er i mi hiraethu am fy hen gyfaill Dilrag, deuthum yn agos at Mendig ar unwaith. Roedd yn gymeriad mor hawddgar wedi'r cwbl, bob amser yn llawn brwdfrydedd, ac yn barod i unrhyw beth. Gyda'n gilydd, aem i hela cwningod ar lannau isaf yr afon; aem i ddal llygod yng nghyffiniau'r Llwyn Du, ac weithiau, mentrem i fyny tuag at Graig y Bedol. Edrychai Mendig ar ddatblygiadau gwleidyddol diweddar y llwyth gydag ysgafnder gwatwarus. Iddo ef, nid oedd Carleg a'i lwyth ond creaduriaid ffôl a oedd wedi meddwi ar uchelgais. Fe ddeuent at eu coed cyn bo hir, pan fyddai angen cymorth cadnoid Craig yr Aberth a Phen-y-Gors arnynt mewn rhyw argyfwng neu'i gilydd. Mae'n debyg mai'r elfen fentrus hon ym mhersonoliaeth Mendig a barodd iddo fy narbwyllo un noson o aeaf i adael ein byd ni ar Fynydd y Crugau, ac i fynd i lawr i'r Dyffryn Mawr, lle'r oedd Dyn a'i dylwyth yn byw. Ei reswm dros fynd oedd bod angen chwilio am fwyd. Roedd Mendig wedi bod i lawr yno o'r blaen, gyda'i dad Llareg a'i ewythr Nerog, ac o ganlyniad, roedd yn llawn brwdfrydedd dros y fenter. Roeddwn innau, ar y llaw arall, yn amheus iawn ynglŷn â doethineb y fath antur. Onid oedd Tostag, offeiriad y llwyth, wedi ein rhybuddio ganwaith i beidio â chrwydro y tu allan i ffiniau ein byd ar Fynydd y Crugau? Ffieiddiai â'i holl galon y byd dieithr hwnnw lle trigai Dyn. Yn wir, yr oedd un o'i weddïau mwyaf poblogaidd gennym ni, y llwyth, yn ddeisyfiad ar y duw Gwyllawg i'n harbed rhag ymyrraeth Dyn. Gwyddwn y weddi ar fy nghof er pan oeddwn yn genau bach:

> 'O Wyllawg da, ein harglwydd du,
> cadw ni rhag Dyn.
> Taena dy dywyllwch drosom ni

i'n harbed ni bob un.
Rhag Dyn a'i gi a'r angau hyll
rho i ni nawr dy dyner wyll.'

Cytunai fy nhad, y brenin Teyrnig, â'i frawd
Tostag. Ni fynnai yntau ymwneud â chyrchoedd a âi
â ni i lawr cyn belled â'r Dyffryn Mawr. Tiriogaeth
Dyn oedd y lle hwnnw, a gwell oedd cadw draw oddi
wrtho, a'i ddinistr sydyn. Onid oedd Dyn, wedi'r
cwbl, yn un o'n gelynion hynaf ac enbytaf?

Er gwaethaf fy ymateb claear i'r syniad o fentro i
lawr i'r Dyffryn Mawr, roedd Mendig yn frwd dros
yr antur. Gwnaeth ei orau i'm darbwyllo.

'Mae mynd i lawr i'r Dyffryn Mawr fel mynd i fyd
newydd,' dywedodd yn eiddgar.

'Yno, fe weli di ryfeddodau. Mae yno gannoedd o
ffermydd a thai allan wedi eu codi mewn rhesi
hirion. Hwnt ac yma mae heuliau oren yn goleuo'r
lle, fel petai Lleuwen yn ymladd â'i mab Gwyllawg
drwy'r nos. Ond y mae digon o gysgodion tywyll yno
i ni, greaduriaid y gwyll, guddio ynddynt. Y tu ôl i'r
rhesi o dai allan a ffermydd, y mae costrelau
mawrion i'w cael weithiau. Maen nhw'n llawn o
dameidiau blasus i'w bwyta. Flasais i ddim byd tebyg
yn fy myw; mae blas cig a llysiau a physgod a mêl yn
gymysg â'i gilydd. Fe fyddi di'n dwli ar yr hyn a gei
di i'w fwyta yn y costrelau hyn, Gardag!'

'Beth am y cŵn?' gofynnais. 'Ble bynnag y mae
Dynion, y mae yna gŵn.'

'Does dim un o'r cŵn sy'n byw yn y Dyffryn
Mawr yn ddigon cyflym i'n dal ni. Maent i gyd yn
rhy dew, ac yn cael eu bwydo'n rhy dda gan eu

meistri. Does dim angen i ti bryderu am y cŵn. Maen nhw'n eithaf cyfeillgar, fe gei di weld.'

Doedd dim y gallwn i ei ddweud yn erbyn y syniad, heb fod Mendig, yn ei ffordd gyfrwys, yn fy nghuro bob tro. Lled awgrymai yn ddireidus fod ofn arnaf ymuno yn yr antur.

'Paid â dweud fod y frwydr yn erbyn cadnoid Craig y Bedol wedi effeithio ar dy nerfau, Gardag. Mae'n rhaid i fab y brenin Teyrnig fod yn arwr.' Gwenodd yn gellweirus, gan wybod fod ei eiriau yn brathu. O'r diwedd, cytunais i fynd gydag ef i'r Dyffryn Mawr, ond ar yr amod na ddywedai air wrth neb am ein bwriad. Gwyddwn y byddai fy nhad yn gwrthwynebu'n ffyrnig, pe deuai i wybod am ein cynllun.

Noson olau leuad ydoedd, pan gychwynnodd Mendig a minnau ar ein taith i lawr i'r Dyffryn Mawr. Roedd hi'n rhewi'n galed, a phob carreg a thwmpath a maes yn ddisglair yng ngolau'r lleuad. Dilynasom afon Pedol, i lawr ar hyd y cwm, a phrofiad rhyfedd oedd teithio ar lan yr afon heb glywed ei bwrlwm dros y cerrig. Roedd wyneb yr afon fel gwydr gwyn. Roedd hi'n oer, ond ni allaf gofio'r oerni, gan fod yr ymdeimlad o antur yn ein cynhesu ar ein taith.

Cyn bo hir, roeddem wedi gadael coedwig fechan y Llwyn Du a fferm Pantyffynnon y tu ôl i ni, ac yn nesu'n gyflym at dir gwastad y Dyffryn Mawr. Doedd dim creigiau na cherrig na grug yma, dim ond gwastadeddau hirion a meddal o dan ein traed. O'r diwedd, fe ddaethom at yr adeiladau a elwid yn bentref, yn ôl Mendig, a'r heuliau oren mewn rhesi hirion a ddisgleiriai'n rhyfedd. Sleifiasom yn nes at y pentref yn ofalus, gan gadw at gysgod tywyll perth hir a ymestynnai y tu ôl i'r rhesi o adeiladau. Llanwyd fy ffroenau ag aroglau o bob math, aroglau cymysg, dieithr, ac fe dynnai rhai ohonynt ddŵr o'm dannedd.

Ar hyn, fe ddaethom at fwlch yn y berth hir. Trwy'r glwyd a safai yn y bwlch, gallem weld llwybr llydan, fel carreg lefn hir, yn disgleirio yng ngolau oren yr heuliau y tu hwnt i'r adeiladau. Yna, daeth sŵn byddarol i'm clustiau, sŵn fel crawcian uchel miloedd o lyffantod. Daeth yn nes ac yn nes. Yn fy ofn, troais i'r chwith, gan fwriadu rhedeg nerth fy nhraed, yn ôl at fy myd cyfarwydd ar Fynydd y Crugau.

Neidiodd Mendig o'm blaen.

'Aros,' chwyrnodd. 'Does dim rhaid i ti ofni. Rwy'n cofio gweld y pethau hyn o'r blaen, pan ddes i yma gyda 'nhad rai misoedd yn ôl. Rhyw fath o dai allan symudol ydynt, i alluogi Dyn i symud o gwmpas heb iddo orfod cerdded. Maen nhw'n ddigon diniwed, ond i ti gadw'n ddigon pell oddi wrthynt. Ba-bâp yw'r enw arnynt, yn ôl 'nhad.' Erbyn hyn roedd yr anghenfil yn rhuthro heibio ar y llwybr llydan. Gwelais ei gorff gwyn hir yn fflachio heibio i ni. Roedd golau'r heuliau yn bwrw eu pelydrau oren ar ei ochrau disglair. Curai fy nghalon yn ddi-reol yn fy mynwes, a theimlais oerni'r nos yn brathu trwy fy nghôt. A dweud y gwir, fe fyddwn i wedi rhoi unrhyw beth yn y byd am gael dianc o'r lle ofnadwy hwn ar y funud honno. Ond ar y llaw arall, ni allwn ddangos fy nychryn i Mendig. Roedd yn rhaid i mi ymddangos yn ddi-hid o'i flaen ef. Onid fi, Gardag, oedd etifedd Teyrnig, brenin y llwyth? Bu bron i mi lewygu mewn ofn, pan glywais sgrech ofnadwy y creadur yn y pellter, ba-bâp, ba-bââp, ba-bâââp. Rhwygodd sŵn y creadur y tywyllwch fel petai rhyw boen dirdynnol yn gafael yn ei goluddion.

'Tyrd,' meddai Mendig. 'Mae aroglau cig yn agos.'

Dilynasom ein ffroenau, nes dod at gostrel fawr a safai y tu ôl i un o'r adeiladau. Roedd clawr mawr trwm o ryw ddeunydd meddalach ar ben y peth. Gallwn glywed pob math o aroglau dieithr a blasus yn codi ohono. Dawnsiai fy synhwyrau yn fy ymennydd. Roedd fel petai popeth da a brofais erioed yn y gostrel, arogl cig ac aeron, ffrwythau a gwaed, yn un gymysgfa aeddfed, wleb.

'Rhaid i ni symud y clawr,' meddai Mendig, 'yn dawel fach, rhag i neb ein clywed.'

Ar yr eiliad honno, daeth arogl ci i'm ffroenau; troais mewn braw, ac yna, gwelais ef. Roedd yn sefyll o fewn deg llath i ni — ci mawr browngoch ei flewyn, ac yn ymlwybro'n hamddenol tuag atom. Roeddwn ar fin rhedeg, pan glywais Mendig yn cyfarth.

'Aros,' meddai unwaith eto. 'Mae hwn yn ddiniwed, mor naïf â chwningen.' Sefais yno, gan geisio fy rheoli fy hun. Ni allwn i, fel mab Teyrnig, fforddio dangos fy ofn. Syllais ar y ci tew, afrosgo hwn yn nesu tuag atom. Safodd yntau, gan edrych arnom, fel petaem islaw ei sylw. Yna, chwyrnodd yn isel, a llefarodd yn floesg.

'Nos da, nos da, rapsgaliwns y mynydd. Pam rydych chi yma yn nhywyllwch yr hwyrddydd, yn

llercian mor ofnus yng nghysgod y perthi, a'ch sawr
yn ddigon i'm gwneud i gyfogi? Beth, dwedwch, ar
unwaith yw byrdwn eich bwriad, neu "damn it", yn
sicr, fe'ch lladdaf mewn cachiad.'

Mendig oedd y cyntaf i ateb, gan fod dychryn wedi
rhewi fy nhafod.

'O Arglwydd,' meddai, gan ddefnyddio dull
rhyfedd y creadur hwn o lefaru yn ei ffordd gyfrwys.
'O Arglwydd, fe ddaethom o Fynydd y Crugau, ar
sgawt fach ddiniwed i'th diriogaethau. Ni fynnwn i ti
ddrwg, O Frenin galluog, wrth ymweld yn wylaidd
â'th deyrnas gyfoethog. Ac yn awr, gofynnwn i ti yn
barchus, am nawdd a chymorth dy ysbryd haelionus,
cans eisoes fe glywsom am dy garedigrwydd; rwyt
yn enwog drwy'r fro, fy mawrfrydig Arglwydd.'

'Ewch i'r cythraul y diawliaid bach drewllyd
cyfrwys, mae'n hawdd gweld trwy eich gweniaith
dwyllodrus; fe wyddoch yn iawn nad brenin wyf i,
ond dim ond hen glamp o gyffredin gi. Mi wn yn
iawn pam y daethoch chi yma, sef, i chwilio am
damaid i lanw'r bola, ontefe, ladron bach y giwed
gelwyddog, sy'n rhygnu byw ar y mynydd
ysgythrog?'

Ar hynny, symudodd yn nes at y gostrel fawr a
safai wrth ochr y wal, a chyda deheurwydd un a oedd
wedi hen arfer ar y grefft, fe gydiodd yn ymyl y
clawr â'i ddannedd, a'i godi'n ddigon uchel i roi ei
ben dano, yna, fe wthiodd ei ben ar i fyny, nes bod y
clawr yn syrthio i'r llawr. Daeth aroglau cymysg yn
gryf i'm ffroenau i dynnu dŵr o'm dannedd. Yna,
chwyrnodd y ci eto, gan ddweud,

'Dyna ni, dyna ni, ewch ati i fwyta. Dewiswch yn

awr y danteithion gora'. Mae darnau o gig a
chwstard a llysiau, teisen a grefi a phob math o
foethau yn llechu o dan y sbwriel i gyd. Bwytewch, y
diawliaid bach drewllyd!'

Neidiodd Mendig ar unwaith i mewn i geg agored
y gostrel, a chyn hir, roedd ei chynnwys i gyd ar y
llawr o'n blaenau, a ninnau'n llyfu ac yn cnoi, ac yn
mwynhau'r wledd. Doeddwn i erioed wedi profi
cymaint o flasau o'r blaen. Mae'n wir, doedd dim
cymaint â hynny o fwyd yn y gostrel, dim digon i'm
bodloni i, ond roedd y profiad o flasu pethau mor
gyffrous o newydd yn ogoneddus. Sylwais fod
Mendig, yntau, yn ymddangos yn siomedig ar
brinder y gostrel, ac yn syllu'n amheus o'i gwmpas.
Yna, sibrydodd wrthyf yn llechwraidd.

'Gardag, mae'n rhaid i ni ddefnyddio'r ffŵl yma o
gi i'n tywys o gwmpas y pentref. Gyda'i gymorth, fe
fyddwn ni'n eitha diogel, a phwy a ŵyr, efallai y daw
e o hyd i ragor o fwyd.'

Erbyn hyn, fe edrychai'r ci fel petai wedi colli pob
diddordeb ynom, ac yr oedd ar fin hercian i ffwrdd
pan ddywedodd Mendig wrtho,

'O gyfaill, os nad ti yw Arglwydd y Fro, maddau i
ni ein camgymeriad dros dro; diolchwn i ti am dy
gymorth parod, i arlwyo o'n blaenau y fath fwydydd
hynod. Ond nawr, gofynnwn i ti wrando'n garedig,
gan dy fod ti, mae'n amlwg, yn greadur bonheddig,
ar ein deisyfiad taer ar i ti ein harwain yn ddiogel
drwy'r pentref hwn a'i ryfeddodau dirgel.'

'Myn diawl, myn diawl, mae gyda chi wyneb,'
dywedodd y ci, gan ymsythu'n hunan-bwysig, 'i ofyn
i mi wrando ar y fath ffolineb, i wastraffu fy amser

prin yn eich cwmni; chlywais i erioed yn fy myw y
fath ddwli. Pam ddylwn i, dwedwch, i chi fod yn
arweinydd? Ewch, gwadnwch hi 'nôl i'r mynydd. Fe
lenwais eich boliau, mae hynny yn ddigon, y dihirod
bach digywilydd, gwirion.'

Yna mentrais innau air, wrth ei weld yn troi i fynd
oddi wrthym, gan geisio mabwysiadu ei ddull
rhyfedd o siarad.

'Fe wyddom nad ydym ond gwehilion cymdeithas,
o'n cymharu â thi, un o allu ac urddas, ond Arglwydd
y Pentref, deisyfwn arnat eto, i'n harwain yn awr
drwy harddwch dy henfro. Os gwnei di, fe'th dalwn
yn anrhydeddus, am dy drafferth a'th amser, greadur
dawnus.'

Edrychodd y ci arnaf yn ddirmygus. Yna,
dywedodd,

'Beth elli di ei gynnig i mi, y mwlsyn? Wyt ti'n
meddwl fy mod i yn ddigon o dwpsyn i gredu'r fath
eiriau? Beth sydd yn dy feddiant sy'n weddus i'w roi i
un o'm safle a'm haeddiant?'

Tewais am ennyd. Roedd yn rhaid i mi feddwl yn
gyflym. Yna, gan siarad yn araf, dywedais,

'Yng ngwlad fy nghynefin ar Fynydd y Crugau,
mae fferm Pantyffynnon ar fin y llethrau, ac yno, yn
byw fel brenhines o'r iawn ryw, mae gast o
harddwch diledryw. Mi wn na welaist erioed ei
theced, cans nid oes yn unman greadures cyn
hardded. Gwn hefyd ei bod yn chwilio am gymar a
fyddai'n garwr brwdfrydig ac eiddgar. Pwy gwell na
thi, O Arglwydd pob ci, a fyddai yn gymwys iddi?
Nawr, dros y blynyddoedd, fe ddaethom yn
gyfeillion, mae hi'n meddwl y byd o'm tipyn

cynghorion. Pan ddwedaf i wrthi fy mod wedi
cyfarfod ei hunion gymar, fe fydd yn barod i roi iti
groeso. Beth ddwedi di Arglwydd? I'w nabod, oes
arnat ti'r awydd?'

Ymsythodd y ci i'w lawn daldra, ac yna,
chwyrnodd.

'Mae pawb yn gwybod fy mod i fel carwr gyda'r
gorau o gŵn; yn wir, fi yw'r arwr i gannoedd o eist
sy'n byw yn y lle, yn eilun pob un yn y fangre. Nawr
os gwnei di addo fy nghyflwyno yn ebrwydd i'r
brydferthaf un sy'n byw ger y mynydd, i'ch arwain o
amgylch y pentref rwy'n fodlon, dewch, da chwi, fe
awn ni gyfeillion.'

Ar hynny, dechreuodd gerdded yn sioncach ei gam
o'n blaenau, tra dilynai Mendig a minnau ar ei ôl.

'Ti yw'r cyfrwysaf ohonom i gyd, y celwyddgi
gorau fu'n byw yn y byd,' sibrydodd Mendig yn fy
nghlust, gan ei wthio ei hun yn chwareus yn fy erbyn.

Wedi sleifio am gryn bellter yng nghysgod y
berth, daethom allan i un o'r llwybrau carreg llyfn,
hir a redai rhwng yr adeiladau mawrion. Dis-
gleiriai'r rhew yn orennaidd gynnes ar wyneb y
llwybr dan effaith yr heuliau a ymestynnai mewn
llinell hir ar bob ochr i'r llwybr llydan.

'Nawr, dyma briffordd y pentref, gyfeillion,'
dywedodd y ci yn ei ddull hunanbwysig. 'Mae'n
digwydd bod yn dawel yr awrhon, ond yn ystod y
dydd mae'n ferw o Ddynion, a thrafnidiaeth ddieflig
yn rhuthro'n wirion i bob cyfeiriad, mae perygl yma;
cadw draw ydy'r gora', mi wranta. Am resymau na
allaf yn iawn eu dirnad, nid yw Dynion fyth yn
llonydd am eiliad; maent bob amser wrthi'n

ymgasglu a gwahanu, yn gwthio a sathru a mathru a malu, heb funud i'w gael i ymlonyddu, fel 'tai dartiau yn eu tinau'n eu gyrru. Mewn cerbydau di-rif maent yn brysio a rhuthro, nes weithiau daw damwain, a'u gorfodi i ymbwyllo. Rhyw bythefnos yn ôl, fe laddwyd plentyn gan gerbyd a yrrwyd gan ryw ynfytyn, dim ond canllath neu lai, o'r llecyn yma, lle safwn yn awr; roeddwn yn y dyrfa. Fe welais â'm llygaid fy hun y ddamwain; bachgennyn teirblwydd yn farw gelain, wedi'i daro i lawr, a'i waed yn llifo. Ni fynnaf weled peth tebyg eto.'

Daeth ias o oerni drosof wrth feddwl am y fath beth. Oedd, yr oedd dulliau rhyfedd Dyn o fyw yn annirnad i ni, greaduriaid y mynydd.

Ar hynny, fe drodd y ci o'r briffordd, ac i lawr trwy fwlch tywyll rhwng yr adeiladau, a dilynasom ei gerddediad afrosgo. Codai'r waliau yn serth ar bob ochr i ni yn fygythiol, ond mewn munud neu ddau, daethom allan i ffordd arall, gulach a thywyllach os rhywbeth. Gyferbyn â ni, fe welsom adeilad enfawr, yn codi'n urddasol i'r awyr, heb olau yn disgleirio o'i ffenestri hirgul. O amgylch yr adeilad hwn, roedd llain o dir, lle'r oedd cerrig anferth yn gwyro blith draphlith.

'Fe welwch yn awr o'ch blaenau, gyfeillion,' meddai'r ci, 'yr hyn a elwir yn gapel gan Ddynion. Ac yma y deuant ar y seithfed dydd, wedi'u gwisgo mewn dillad ysblennydd. Ond erbyn meddwl, mae'n rhaid cyfaddef, mai gwragedd a ddaw gan amlaf i'r cyntedd. Yn eu hetiau blodeuog fe ddeuant yn urddasol, yn wir, mae'n olygfa brydferth eithriadol, fel ieir yn ymgasglu ar fuarth llydan, eu gwisgoedd yn llathru fel plu o sidan. Ymgasglant o amgylch y glwyd y tu allan, gan lygadu ei gilydd wrth sgwrsio a chlebran, nes i lawr y ffordd, daw'r prif-ddyn ei hunan, gweinidog yw'r enw a roddir ar y dynan; mae bob amser wedi'i wisgo mewn dillad du. Fe gerdda fel ceiliog yn nisgleirdeb ei blu, ac o'i amgylch fe dyrra'r gwragedd gan glecian, pob un yn ymsythu a'i gwthio ei hunan, er mwyn sefyll yn ymyl y gweinidog dryslyd, nes i mewn yr ânt yn dyrfa ffyslyd. Ac wedyn, o grombil adeilad y galar, fe glywir rhyw sgrechian erchyll aflafar, rhyw nadu oerllyd, sy'n boen i'r clustiau, rhyw lefain alaethus mewn dyrys odlau, fel petai rhyw ddefod gythreulig ar waith, a'r gwragedd yn griddfan mewn artaith.'

Aeth y ci yn ei flaen, a ninnau'n gwrando arno gyda diddordeb mawr. Onid oedd arferion Dynion yn rhai rhyfedd?

'Ac wedi'r dolefain, mae llais y gweinidog i'w glywed yn eglur, fe waedda'n gynddeiriog, fel petai rhyw dân yn llosgi yn ei drowsus, ac yna yn sydyn, fe siarada yn felys, mewn goslef fwyn fel 'tai'n erfyn ar y gwragedd i roi iddo lonydd rhag eu clebran a'u gwagedd. Ac yna, wedi rhagor o grio a nadu, deuant allan, bob un, yn chwerthin a gwenu. A dyna, i chwi gapel, fy mwyn gyfeillion. Mae arferion Dynion yn hynod o wirion.'

Gan droi yn sydyn o'r lle hwn, fel petai wedi blino ar y cyfan, arweiniodd y ci y ddau ohonom, Mendig a minnau, i lawr y ffordd, gan osgoi'r heuliau oren cystal ag y gallem. Unwaith eto, fe glywsom sŵn sinistr un o gerbydau Dyn — y ba-bââp — yn y pellter, a churodd fy nghalon yn gyflymach yn yr oerni. Wedi cerdded am dipyn yn y cysgodion, fe ddaethom at adeilad mawr arall a safai ychydig y tu allan i'r pentref. Yn wahanol i'r capel, roedd goleuadau o bob lliw yn llifo o ffenestri'r adeilad hwn, a'r swn mwyaf aflafar yn dod o'r tu mewn. Gallem glywed swn crochlefain uchel am bellter cyn i ni nesáu at yr adeilad. Nid oeddwn erioed wedi gweld y fath liwiau â'r rhai a lifai o ffenestri'r lle hwn. Roedd y lliwiau'n newid bob eiliad, o wyrddni'r meysydd yn y gwanwyn i felyn yr haul yn yr haf, o lesni awyr y bore i gochni dwfn y machlud, ac o borffor y grug i wynder tanlli'r fellten. Fflachiai'r goleuadau yn sydyn, tra curai'r swn yn ein clustiau. Roedd fel swn miloedd ar filoedd o wenyn yn murmur, cannoedd ar gannoedd o ddefaid yn brefu, ugeiniau ar ugeiniau o adar yn canu, gwartheg yn brefu a cheffylau'n gweryru. Wyddwn i ddim fod cymaint o swn yn bod yn y byd.

Wedi cynefino ychydig arno, gallwn ymglywed â rhyw rythm rheolaidd a roddai ffurf bendant i'r swn, fel curiadau'r galon yn fy mynwes pan fo ofn neu ryw orfoledd yn cydio ynof. Torrwyd ar y swn nawr ac yn y man gan lais Dyn, fel petai rhyw gawr y tu mewn i'r adeilad. Yn sydyn, daeth arogl cig unwaith eto i'm ffroenau, yn gryf iawn y tro hwn. Sleifiasom i mewn i'r cysgodion, gan nesu at ddrws cadarn a oedd ar gau. Y tu cefn i'r drws hwn, yr oedd yna gig. Gallwn ei sawru'n gryf.

'Gadewch i ni orffwys yma, gyfeillion,' meddai'r ci. 'Mae'r arogl cig yn codi'r galon, a gyda thipyn o lwc, mi wranta, fe gawn ni, gyda hyn, ryw fymryn i'w fwyta.'

'Beth yn y byd yw'r lle hwn, fy Arglwydd?' sibrydodd Mendig wrth y ci, ac ofn yn amlwg yn gryg yn ei wddf. 'Oes perygl yma? Dywed yn ebrwydd.'

'Lle mae Dyn, mae perygl bob amser yn llechu, ond tra wyf i yma, does dim angen pryderu,' atebodd y ci yn hyderus. Aeth ymlaen i esbonio i ni beth oedd yn digwydd yn y lle rhyfedd hwn.

'Fe welwch o'ch blaenau yn awr, gyfeillion, y neuadd bentref sy'n ferw yr awrhon gan fechgyn a merched, ieuenctid y fro, cans yma y deuant i ddawnsio. Bob nos Fercher, sy'n un o ddiwrnodau'r wythnos, a hithau'n tynnu tuag adeg yr hwyrnos, fe dyrrant yma, yn eu dillad lliwgar i wrando ar leisiau treiddgar aflafar a ddaw o'r bocs sy'n sefyll ar y llwyfan; ni honnaf fy mod i'n deall y cyfan. Ond y mae i'r lleisiau ryw hud gafaelgar sy'n peri i'r ifainc ymddwyn yn anwar. Ystumiant eu cyrff fel ymlusgiaid y ddaear, neidiant, cyrcydant, ymgordeddant yn eiddgar. Peidiwch, da chwi, â gofyn i mi esbonio yr ymddygiad hwn, ni allaf ei egluro. Mae arferion Dyn, fel y gwyddoch yn dda, yn amhosib i'w deall gan amla'.'

Fel y tawodd y ci, clywsom sŵn traed yn nesu at y lle. Sleifiasom yn ddistaw y tu ôl i'r wal yn ymyl y drws mawr gan lechu yn y cysgodion. Mewn eiliad, daeth Dyn, wedi ei wisgo mewn côt cyn wynned â'r eira at y drws, a'i agor. Aeth i mewn, gan adael y drws ar agor ar ei ôl. Yna, gyda sydynrwydd annisgwyl, neidiodd y ci at y fynedfa gan gyfarth atom,

'Nawr yw eich cyfle gyfeillion, bwytwch, bwytwch, bwytwch, bwytwch, bwytwch.'

Neidiasom ninnau ar ei ôl. Yn yr ystafell fwyd, roedd meinciau yn llawn o bob math o gigoedd disglair. Mewn dim amser, roedd y tri ohonom yn llarpio ac yn llyncu'n rheibus, ond yn dal i wrando am sŵn traed y Dyn yn dychwelyd. Daeth yr un meddwdod cynhyrfus ag a deimlais wrth y gostrel i'm meddiannu eto. Ni phrofais y fath gyfoeth o flas ar fy nhafod na chynt nac wedyn. Wedi i ni lanw'n boliau, sleifiasom yn frysiog o'r lle, gan ddilyn y ci yn ôl at y pentref, a chan ofalu cadw yn y cysgodion. Y tu ôl i ni, fe glywsom lais y Dyn yn gweiddi mewn dicter wedi iddo ddychwelyd i'r ystafell, a gweld y llanast, mae'n debyg. Cyflymodd y ci ei gerddediad, hyd at redeg bron, a ninnau ar ei ôl, ein boliau'n gyfforddus o dynn, a rhyw chwerthin cynnes yn ymrolio y tu mewn i ni, fel bwrlwm afon Pedol dros gerrig ei gwely.

A ninnau'n dilyn y ci, daethom unwaith eto at lwybrau llydan a llyfn y pentref, lle'r oedd goleuni'r heuliau oren yn llifo. Llechasom, y tri ohonom, rhwng dwy wal a godai'n uchel fel creigiau serth bob ochr i ni. Closiodd Mendig ataf. Gwyddwn ei fod yn ei fwynhau ei hun yn fawr, gan fod yr anturiaeth hon wrth fodd ei galon.

'O gi bonheddig, diolchwn i ti,' cyfarchodd ein harweinydd yn foesgar, 'am gyflwyno'r fath wledd o ddanteithion i ni. Nid oes ar y mynydd y fath foethau syn, sy'n cynhesu'r bol, a'i wneuthur mor dynn. Mae heno'n noson fythgofiadwy, gofiadwy; gofiadwy, gofiadwy, gofiadwy, gofiadwy . . .' Diflannodd y geiriau yn anadl, wrth i Mendig dewi yn ei ofn; oblegid, o fewn chwe llathen i ni, gwelsom ddau

Ddyn yn cerdded. Arhosodd y tri ohonom mor
llonydd â thair carreg, heb symud blewyn, nes iddynt
fynd heibio. Ni pharhaodd y digwyddiad ond am rai
eiliadau; ond roedd y profiad yn ddigon i beri i ni syl-
weddoli'r perygl enbyd a oedd yn ein hamgylchynu
yn y parthau anghyfarwydd hyn. Roedd yn hen bryd i
ni'n dau adael y ci cymhleth hwn, a'i gwadnu hi yn ôl
i'n cynefin ar Fynydd y Crugau. Meddiannodd yr hen
ofn fy nghalon, ofn y dieithrwch, ac yn arbennig, ofn
yr angau sydyn a ddeuai o law Dyn pe'm delid
ganddo.

Cyfarthais yn uchel ar Mendig, 'Mae'n bryd i ni
ddianc, fy ngyfaill, i'r mynydd.'

Atebodd Mendig, gan lamu o'r lle fel mellten, 'I'r
mynydd, Gardag, i'r mynydd, yn ebrwydd.' Ac yna,
sibrydodd trwy ei anadlu llafurus, gan droi ei ben i
giledrych ar y ci, a safai'n stond yn ei syndod y tu ôl i
ni,

'Sosejis, sosejis, sosejis, sosejis,
danteithion melysaf Vulpes Cambrensis,
fe gofiaf eich blas; bydd yn flys ar fy nhafod
am byth, ac yn destun trafod a thrafod;
yn gainc ym Mabinogi cythryblus ein llwyth
yn llenyddiaeth i werin fy nhylwyth.'

PENNOD V

Melyn

Mis melyn yw Mehefin, mis Lleuwen y dduwies wen. O'm heisteddfa gysurus yma ar Graig yr Aberth, syllaf ar y gwres yn ymdorri dros ddyffryn afon Pedol. Y mae gweiriau ei gweirglodd gul yn dawnsio fel plu gwyddau yn yr awel ysgafn, a'r blodau menyn, llygaid y dydd a'r meillion yn gwreichioni yn fy llygaid. 'O na byddai'n haf o hyd, shiten zinc uwchben y byd.' Dyna i chi gwpled annisgwyl i gadno ei wybod! Clywais y Dyn yn fferm Pantyffynnon yn ei ganu unwaith flynyddoedd yn ôl, ac fe gofiais y geiriau. Ond weithiau, ym mherfedd haf, y mae'r gaeaf yn llechu, a daw iâ cudd yr hen oerni i rewi'r gwaed. Crogwn am eiliad rhwng bachyn y lleuad a dôr y pridd, nes bod yr estyll pren yn ymagor, ac yna, daw'r ddawns fer, cyn dyfod eiliad y fferru.

> 'Ych, ych, ych-a-fi,
> Charon, Charon, ych-a-fi,
> Wan, tŵ, thri, ffôr,
> Nawr agorwch y blydi dôr,
> Ffeif, sics, sefn, êt,
> Düwch diderfyn, sorri mêt.'

Dydw i ddim yn cofio ble dysgais y rhigwm bach yna.

Dydd melyn fel hwn oedd dydd marwolaeth fy nhad Teyrnig. Ar ddiwrnod o haf y crogwyd ef, rhwng blys y bys sy'n blasu byw, a'r fawd sy'n bodio'r pridd. Fel hyn y bu ei farwolaeth ef ar ddiwrnod melyn.

Roedd fy mam Magda wedi diflannu o'r wâl pan ddihunais y bore hwnnw. Doedd hynny ddim yn ddigwyddiad anarferol. Fel llwynogesau eraill y llwyth, deuai awydd drosti weithiau i grwydro rhyw dipyn o'n byd ni ar Fynydd y Crugau. Ni chofiaf iddi erioed fentro i lawr cyn belled â'r Dyffryn Mawr. O leiaf, ni chofiaf iddi erioed gyfaddef hynny, rhag codi gwrychyn fy nhad am un peth. Roedd yn un o gonglfeini ei bolisi ef, fel llywodraethwr y llwyth, i osgoi'r Dyffryn Mawr bob amser. Byd Dyn oedd y Dyffryn Mawr, byd o beryglon enbyd. Ond weithiau, fe grwydrai fy mam, Magda, i fyny tuag at ucheldiroedd y Mynydd Du, cyn belled hyd yn oed â thrumau'r Garreg Lwyd, yn enwedig, felly, yn yr haf. Dychwelai i'r wâl bob amser cyn dyfod awr y tywyllwch caredig a ddeuai pan hawliai Gwyllawg hanner brenhiniaeth ei fam Lleuwen.

Pan ddihunais y bore hwnnw, roedd gwaywffyn Lleuwen yn ymdreiddio trwy gerrig llwydion to'r wâl, pelydrau ei lliwiau yn gwanu fy llygaid cysglyd; seithliw yn ymsythu yn fy ymennydd, ac yn fy neffro i eiddgarwch y dydd. Roedd syched arnaf, syched am arian byw y dŵr a fyrlymai dros gerrig yr afon. Fe'm hysgydwais fy hun, ac wedi camu'n ofalus dros y cerrig a amddiffynnai'r fynedfa i'n gwâl, llamais i lawr y llethrau o Graig yr Aberth tuag at fwrlwm bythol effro yr afon Pedol. Anelais at ffau'r Twll Hir lle trigai Rostig. Dyfelais mai yno, siŵr o fod, y byddai fy nhad Teyrnig. Roedd ef, bob amser, yn godwr mwy bore na mi.

Wrth i mi gyrraedd y Twll Hir, a oedd wedi ei leoli mewn dolen garegog ar lan yr afon, fe welais y ddau yn gorwedd yn agos at ei gilydd ar lecyn gwyrdd y tu allan i'r ffau. Wrth i mi yfed o ddŵr byrlymus yr afon, dychmygais destun eu sgwrs. Fe fyddent, mae'n debyg, wrthi'n cynllunio llywodraeth y llwyth. Fe fyddent yn claddu eu dannedd mewn gwleidyddiaeth mor eiddgar â phetaent yn diberfeddu cwningen. Yr oedd bodolaeth llwyth annibynnol llwynogod Craig y Bedol yn boendod i'm tad ac i Rostig. Wedi eu diarddeliad o'n llwyth ni, yr oedd Carleg a Bwyrig a Grithog, eu llwynogesau Donda, Brathda a Perda, a'u cenawon niferus, wedi sefydlu eu tiriogaeth eu hunain yn nhueddau gorllewinol Mynydd y Crugau. Carleg, wrth gwrs, oedd y brenin, ac yn ôl yr hyn a glywem, fe reolai ei lwyth gyda chadernid yr unben ffanaticaidd, cas.

Er ei fod wedi addo yn y gynhadledd derfynol honno i gadw ei lwyth yng ngorllewin y Mynydd, fe ddeuai Carleg gyda dau neu dri o'i ymosodwyr llechwraidd i mewn i diriogaeth fy nhad o bryd i'w gilydd, yn enwedig ar adegau o brinder, er mwyn hela cwningod neu lygod ar dorlan yr afon. Deuent yn nhywyllwch y nos, mor ddi-sŵn ag ysbrydion cadnoid y canrifoedd. Yr oedd yr ymosodiadau cyfrwys hyn yn peri pryder a dychryn i'n llwyth ni, yn enwedig ymhlith y llwynogesau a'r cenawon.

Tyfasai Carleg yn rhyw fath o fwci-bô, yn rhyw lun
o bresenoldeb sinistr, peryglus a dinistriol yn ein
hofnau. Gwewyd straeon amdano yn llên ein llwyth;
chwedlau, dychmygol wrth gwrs, am ei alluoedd
goruwchnaturiol, am ei greulonderau anhygoel, ac
am ei fwriad i'n gorchfygu a'n lladd. Disgyblasai'r
llwynogesau eu cenawon trwy eu rhybuddio fod
Carleg yn dod. Roedd clywed ei enw yn ddigon i beri
i'r cenau bach mwyaf beiddgar saethu yn ôl i
ddiogelwch ei ffau at ei fam. Roedd presenoldeb
llwyth arall, annibynnol fel hyn yn ddrewdod yn
ffroenau fy nhad Teyrnig. Wedi bod yn ymweld â'm
cyfaill Mendig yn ffau cadnoid Pen-y-Gors, ddeu-
ddydd ynghynt, fe glywais y rhigwm hwn oddi wrth
ei dad Llareg. Dyma'r rhigwm diniwed, twp:

'Pwy sy'n dod ym mherfedd nos?
Carleg, Carleg.
Lawr o'r Graig a thros y Rhos,
Carleg, Carleg.
Gyda'i ddannedd rhwyga ef
Gnawd ac asgwrn, llawn yw'n llef
O'r braw dyfnaf. Ble mae ef?
Carleg, Carleg.'

Yn naturiol, adroddais y pennill wrth fy nhad, gan
ddweud wrtho, rhwng pyliau o chwerthin, ei fod yn
rhigwm poblogaidd ymhlith cenawon a chadnaw-
esau'r llwyth. Dydw i ddim yn cofio gweld y
Teyrnig urddasol, doeth, yn ymffyrnigo mor sydyn
erioed o'r blaen. Gan ysgyrnygu ei ddannedd arnaf
yn ei ddicter, chwyrnodd arnaf yn ffyrnig.

'Paid ag adrodd y fath eiriau yn fy ngŵydd i fyth eto.'

Ar hynny, llamodd allan o'r wâl, a gorweddodd yn surbwch ar Graig yr Aberth am awr gyfan yn ei ddigofaint. Cefais dafod oddi wrth fy mam, Magda am fy ffolineb, ond jôc, fel i Mendig, oedd y rhigwm i mi yn fy ieuenctid gwyrdd.

Wedi yfed fy ngwala o'r afon, mentrais at Teyrnig a Rostig ger gwâl y Twll Hir. Ymdawelodd eu grwgnach isel wrth i mi agosáu atynt, ond nid cyn i mi glywed y geiriau a chwyrnodd Rostig o ddyfnder ei lwnc.

'Teyrnig,' dywedodd, 'fe ddaeth yr awr.'

'Do!' oedd unig ateb fy nhad cyn iddynt ill dau godi, a'm gadael ar fy mhen fy hun, a dŵr yr afon yn diferu o'm genau, fel y troediasant o'r llecyn, dros y cerrig, ac i mewn i'r wâl. Syllais ar y diferion o ddŵr yn chwalu dros y gwair dan haul Mehefin, ac yn sychu fel ysgerbydau oerion yn y gwres. Dim ond esgyrn a dŵr ydym i gyd yn y pen draw. Dyna i chwi sylw annisgwyl arall oddi ar enau cadno drewllyd. Ond fe all y reddf i fyw, y penderfyniad i oroesi oresgyn pob drewdod, hyd yn oed drewdod angau.

Penderfynais anelu at ffau Pen-y-Gors, er mwyn gweld Mendig. Ar ddiwrnod o haf hirfelyn fel hwn, fe fyddai ef, fy nghyfaill hoff, yn fy syfrdanu â'i syniadau, syniadau anturus a fyddai wrth fy modd. Tuthiais dros yr afon yn ofalus, a rhedais i fyny dros y llethrau tuag at y Foel Deg, a Mendig. Fe gofiaf bob manylyn o'r dydd ofnadwy hwnnw, er bod y dydd yn ymddangos i mi yn awr fel petai wedi digwydd ganrifoedd yn ôl. Wrth i mi lamu i fyny'r llethrau

islaw Pen-y-Gors, daeth Mendig i'm cyfarfod.
Roedd yn amlwg i mi oddi wrth osgo ei rediad ei fod
yn eiddgar i'm gweld. Cododd ei ben wrth iddo
agosáu ataf, a sylwais ar ei glustiau cochion yn
ymsythu fel gyddfau ieir Pantyffynnon dan lygaid y
ceiliog. Llamodd yntau tuag ataf, a'i groeso yn
gryndod yn ei gyhyrau cryfion.

'Gardag.'

Fe'm cyfarchodd yn gynhyrfus. Yna, llifodd y
geiriau dros ei fin fel y dŵr dros gerrig yr afon.

'Dere, dere ar unwaith,' gorchmynnodd. 'Dilyn fi
ar unwaith, os wyt ti am weld rhywbeth a fydd yn
rhewi dy waed; dere, dere, dere.'

Diflannodd ei gyfarthiad yn awelon ysgafn y Foel
Deg wrth iddo droi. Dilynais ef tuag at y copa yn
eiddgar. Roedd antur newydd, reit i wala, yn y
cyffro a grygai ei gyfarthiadau sydyn.

Ymhen rhai munudau, cyraeddasom y copa. A
ninnau'n anadlu'n drwm, gorweddasom ar y gwair
crop. O gopa'r Foel Deg, gallem weld y Dyffryn
Mawr yn gwreichioni yng ngwres y dydd.

'Wyt ti'n gallu eu gweld nhw?'

Saethodd Mendig ei gwestiwn ataf.

Yno, o'r copa, gallem weld y pentref yn y pellter,
y mwg yn dirwyn o'r teios fel plu hen wyddau
meirwon yn gwynnu'r awyr. Ond nid hynny a
hoeliai ein sylw, ond yn hytrach, rhyw hanner dwsin
o Ddynion, mewn dillad o bob lliw a gerddai yn araf i
fyny o'r Dyffyn Mawr ar lan afon Pedol. Symudent
yn hamddenol, fel y gwna Dynion, a gallem hyd yn
oed o'n safle uchel ni, glywed eu lleisiau dieithr,
croch yn brathu tawelwch ein byd ni ar y Crugau.

Teimlais ias o ofn yn oeri fy ngwaed. Roedd Dyn yn agosáu. Daeth darlun o ddiogelwch ein ffau ar Graig yr Aberth i'm meddwl. Roedd yr ysfa i redeg yno ac i rybuddio fy nhad Teyrnig a Rostig yn llosgi yn fy nghalon, ond ni allwn fforddio dangos i Mendig fod ofn arnaf. Ymddangosai ef yn gwbl ddidaro wrth iddo syllu ar y fintai hon yn agosáu at ein byd ni. Yn wir, gwenai yn dawel, ac yna, roedd yn chwyrnu arnaf yn ei eiddgarwch.

'Wyddost ti i ble maen nhw'n mynd?' gofynnodd yn sydyn.

'Gwn,' atebais.

Rhwng coedwig fechan y Llwyn Du ger fferm Pantyffynnon a ffau Rostig yn y Twll Hir roedd cawg naturiol yn yr afon Pedol a ymffurfiai'n llyn sylweddol. Pownd Crugau oedd enw'r lle ar enau Dynion; ac yn ystod yr haf, weithiau, fe ddeuai Dynion yno i ymdrochi yn y llyn. Gellid clywed eu lleisiau yn atseinio drwy'r cwm, a'u sgrechfeydd dychrynllyd yn rhwygo'r tawelwch o drumau'r Garreg Fraith hyd at Graig y Bedol. Pan ddigwyddai'r ymdreiddiadau hyn i'n byd ni, arferem gadw draw ymhell o'r llyn yn yr afon, ac yn wir, tueddem i aros yn agos at ein ffeuau, oblegid gwyddem trwy brofiad fod presenoldeb Dyn yn ein byd ni yn siŵr o arwain at berygl enbyd i ni, lwynogod y llwyth ar Fynydd y Crugau.

Yno, o gopa'r Foel Deg, syllodd Mendig a mi ar y Dynion yn symud yn araf i fyny'r afon i gyfeiriad y llyn. Roeddent eisoes wedi mynd heibio i fuarth fferm Pantyffynnon, ac yn agosáu at dorlan gul yr afon a lifai heibio i goedwig fechan y Llwyn Du.

'Mae'n rhaid i ni rybuddio fy nhad a Rostig ar unwaith,' cyfarthais at Mendig.

'Oes, oes,' atebodd yn ddiamynedd, ond roedd ei lygaid wedi eu hoelio ar yr olygfa.

'Ond Gwyllawg Mawr, edrycha,' gorchmynnodd mewn cyfarthiad sydyn.

Gwelais, fel yntau, fod y Dynion, roedd chwech ohonynt fe gofiaf, wedi aros, ac wedi cyrcydu yn y glaswellt. Tua chanllath o'u blaenau, rhedai cwningen am ei bywyd, o lan yr afon i gyfeiriad y Llwyn Du, a diogelwch, fel y gobeithiai. Sylwais fod un o'r Dynion, a wisgai ddilledyn coch am ei gefn, wedi codi yr hyn a edrychai'n debyg i frigyn hir at ei ysgwydd. Gwyddwn mai gwn ydoedd, yr un math o declyn goruwchnaturiol a laddodd Brodeg, tad Dilrag ryw ddwy flynedd ynghynt. Ar hynny, clywsom ergyd, fel taran bell, a gwelsom y gwningen yn rowlio am eiliad, cyn gorffwys yn gelain ar ymyl coedwig y Llwyn Du. Bloeddiodd y Dynion mewn llawenydd, hen lawenydd yr heliwr, cyn rhedeg fel un at gorff y creadur. Cododd y saethwr hi, a'i dal i fyny er mwyn ei dangos i'r Dynion eraill a gurai eu dwylo. Yna, gosododd hi mewn cwdyn a gariai un o'r lleill. Aeth ias arall o ofn trwof. Clymwyd fy nhafod am ysbaid gan fy mraw, a dim ond gydag ymdrech y llwyddais i ddweud wrth Mendig fod yn rhaid i ni adael y Foel Deg ar unwaith.

Roedd hyd yn oed hwnnw erbyn hyn wedi colli ei ddihidrwydd. Codasom ein dau gyda'n gilydd, a rhedasom i lawr at ffau Pen-y-Gors fel dwy fellten. Wrth i ni nesu at y ffau a oedd wedi ei lleoli ar silff garegog o graig a ymwthiai fel rhes o ddannedd hirion o wyneb llyfn y Foel Deg, fe welsom Halda, mam Mendig yn gorwedd mewn braw ar y cerrig wrth y fynedfa i'r wâl. Roedd Risda, llwynoges Nerog yn ei hymyl. Roeddent hwythau wedi clywed ergyd y gwn, ac yn gwylio'r Dynion a oedd erbyn hyn yn symud i fyny'r cwm ar hyd torlan yr afon.

'Ble mae 'nhad a Nerog?'

Cyfarthodd Mendig y cwestiwn at y ddwy lwynoges yn sydyn, cyn i mi gyrraedd atynt mewn gwirionedd.

'Maen nhw wedi mynd i'r Twll Hir at Rostig, ac oddi yno i Graig yr Aberth at Teyrnig,' atebodd ei fam yn union.

'Gwyllawg a ŵyr beth a ddigwydd nesaf,' ychwanegodd Risda, gan grynu yn ei hofn. Gwyddwn mai Llareg a Nerog oedd gwarchodwyr traddodiadol ein llwyth ni. Bu cadnoid Pen-y-Gors, er cyn cof, yn barod i fanteisio ar safle eu ffau i rybuddio'r llwyth o unrhyw berygl a ddeuai o gyfeiriad y Dyffryn Mawr. Roeddent wedi gweith-redu yn gyflym heddiw, fel bob amser. Gwyddwn hefyd y byddai Teyrnig a Rostig wedi clywed yr ergyd, ac wedi clywed crochleisio'r Dynion eisoes.

'Arhoswch chi eich dwy yma ger y ffau, rhag ofn.' Cyfarthodd Mendig ei gyngor at ei fam a Risda yn awdurdodol, cyn ychwanegu, 'Awn ninnau, Gardag a mi ar eu holau ar unwaith. Bydd angen rhybuddio pob un o lwynogod y llwyth, hyd yn oed llwynogod Craig y Bedol, fod Dynion ar y ffordd; dere Gardag.'

Ac i ffwrdd â ni, gan gadw at lethrau dwyreiniol y mynydd, ymhell uwchben torlan yr afon, cyn disgyn yn sydyn i lawr i gyfeiriad y Twll Hir. Gwyddem mai yno, mae'n debyg, y byddai Teyrnig a Rostig, ac efallai Llareg a Nerog erbyn hyn. Wrth i ni symud yn gyflym, gallem weld y Dynion yn symud i fyny ar dorlan yr afon, ac erbyn hyn, roeddent yn agosáu at y llyn, y pownd Crugau hwnnw a'u denai i'n byd ni ar ddiwrnod o haf. Gobeithiais mai yno yr arhosent i ymdrochi.

Wrth i ni gyrraedd y Twll Hir, a oedd rhyw hanner milltir i'r gogledd o'r llyn, doedd neb i'w weld yno. Daeth arogl cadno yn gryf i'm ffroenau, ac fel Mendig, anelais dros y cerrig at y wâl ei hun, gan feddwl gweld Teyrnig, Rostig, Llareg a Nerog yno hefyd erbyn hyn, yn llechu rhag y Dynion. Ond wedi i ni sleifio drwy'r fynedfa, gwelsom fod y lle yn wag.

'Ble maen nhw? Beth sydd wedi digwydd?' gofynnais.

'Tyrd, mae'n rhaid i ni ddod o hyd iddyn nhw ar unwaith,' atebodd Mendig.

Gadawsom y wâl, a thrwy ddilyn ein ffroenau, dringasom tuag at Graig y Bedol. Roedd y tir hwn yn ddieithr i ni bellach, ers i Carleg a'i lwynogod greu brenhiniaeth annibynnol. A dweud y gwir, rhwng ofn y Dynion ac ofn llwynogod Craig y Bedol, roeddem ni'n dau yn chwys domen, ac yn anadlu'n llafurus.

Â ninnau'n dod i gopa bryncyn o'n blaenau, a dechrau llamu i lawr y dibyn bach ar yr ochr arall, safasom yn stond. Yno, o fewn canllath i ni, ar lecyn gwastad, gwelsom ddwy linell goch o gadnoid yn wynebu ei gilydd. Ar un ochr safai fy nhad Teyrnig, ei frawd Rostig wrth ei ochr, a Llareg a Nerog o Ben-y-Gors yn eu hymyl. Y tu draw iddynt, ac yn eu hwynebu, safai Carleg ei hun, brenin llwyth Craig y Bedol, a'i ddau frawd Bwyrig a Grithog wrth ei ochr. Daeth y geiriau a glywais Rostig yn eu llefaru y bore hwnnw yn ôl i'm cof. 'Teyrnig, fe ddaeth yr awr', ac ateb fy nhad oedd 'Do'. Gwyddwn yn awr at beth y cyfeirient, sef, y frwydr anochel a therfynol, a oedd cyn sicred o ddod â dyfodiad Gwyllawg, rhwng y ddau gadno, Teyrnig a Carleg. Ond pam heddiw o bob diwrnod? Onid oedd Dynion yn bresennol yn ein byd? Clywais wedyn fod Llareg a Nerog wedi cyrraedd y Twll Hir, ac wedi dilyn Teyrnig a Rostig i fyny'r llethrau tuag at Graig y Bedol, nes iddynt gwrdd â Carleg a'i frodyr. Am unwaith yn ei fywyd, roedd dicter Teyrnig wedi trechu ei ddoethineb. Nid oedd presenoldeb Dynion hyd yn oed yn ei diriogaeth yn ddigon i'w rwystro rhag wynebu Carleg ar y diwrnod hwnnw. Gwyddwn fod ei gasineb tuag at Carleg wedi bod yn berwi ynddo ers misoedd hir. Dim ond trwy ei ladd y gallai Teyrnig ailsefydlu ei awdurdod ac un frenhiniaeth unedig ar Fynydd y Crugau; ac fe losgai'r dyhead hwnnw yn ei galon mor danbaid nes ei ddallu i bob ystyriaeth arall.

'Mae'n well i ni ein dau aros yma,' chwyrnodd Mendig, gan orwedd ar y llethr. Gorweddais innau i wylio'r hyn a ddigwyddai. Curai fy nghalon yn gyflym, a llyfais fy moch â'm tafod crasboeth.

Wedi rhai munudau, ymneilltuodd Bwyrig a Grithog y tu ôl i Carleg. Yn yr un modd, symudodd Rostig a Llareg a Nerog y tu ôl i'm tad Teyrnig, gan adael y maes yn agored i'r ddau ymladdwr. Dim ond Teyrnig a Carleg yn awr a wynebai ei gilydd ar ganol y llecyn o dir gwastad. Dechreuasant ymdroi o amgylch ei gilydd, y ddau yn noethi eu dannedd, ac yn chwilio am fantais. Gwyddwn fod hwn yn un o ddyddiau pwysicaf hanes ein llwyth ni ar Fynydd y Crugau. Heddiw, roedd hanes yn cael ei greu. Ymdrechais i feistroli'r cyffro yn fy nghalon, a hoeliais fy sylw ar symudiadau'r ddau gadno mawr a wynebai ei gilydd i frwydro hyd at angau: Teyrnig fy nhad, a Carleg, y rebel creulon, trahaus o Graig y Bedol.

Yn sydyn, roeddent wrth yddfau ei gilydd, yn clymu'n dynn fel pelen fawr bigog lwytgoch yn rowlio ar y gwyrddni. Gwelais waed yn lliwio'r llawr wrth iddynt dorri, a Carleg yn symud yn gyflym i'r chwith er mwyn cael hoe. Mewn eiliad neu ddwy, ymosododd fy nhad eto, gan lamu at wddf ei elyn, a'i ddannedd yn ddwfn yn ysgwydd chwith Carleg. Roedd y ddau wedi eu clymu ynghyd unwaith eto. Parhaodd y frwydr yn ddi-dor am gryn amser. Doedd dim posib gweld pa un oedd y trechaf, gan ein bod ni, Mendig a minnau, tua chanllath i ffwrdd.

Yna, pan oedd y brathu a'r crafu, y gwanu a'r malu ar ei anterth, clywais ddwy ergyd sydyn o'r chwith, ergydion gwn. Ar godiad o dir i'r gorllewin, gwelais y Dyn a wisgai'r dilledyn coch am ei gefn yn sefyll, a'r gwn wrth ei ysgwydd. Ganllath o'm blaen, yr oedd corff Teyrnig a chorff Carleg yn gorwedd yn llonydd ill dau, wedi eu gwahanu am byth. Wrth i Mendig a minnau ei gwadnu hi am y Twll Hir, gwelais Bwyrig a Grithog yn symud fel mellt i gyfeiriad Craig y Bedol, a Rostig a Llareg a Nerog yn anelu am ffau Craig yr Aberth.

Ie, mis melyn yw Mehefin, mis Lleuwen y dduwies wen, ond ar y diwrnod melyn hwnnw, flynyddoedd yn ôl bellach, collais fy nhad, y Teyrnig pendefigaidd, dewr. Fel y gorweddwn gyda Mendig yn nhywyllwch ffau y Twll Hir, yn fy ofn a'm dagrau, am weddill y diwrnod hwnnw, nes daeth awr Gwyllawg, gwyddwn fod fy etifeddiaeth fel brenin y llwyth wedi dyfod i mi cyn ei phryd. Y mae'r farwnad a lefarodd Tostag, ei frawd, ac offeiriad y

llwyth, uwchben gweddillion fy nhad Teyrnig, wedi
i ni lusgo ei gorff i lawr o'r llethrau, a'i roi o dan y
cerrig ar lan afon Pedol, yn dal i guro heddiw yn
rythmau fy nghof.

'Canaf i Deyrnig ddewrgi,
Llywodraethwr ein llwyth ni
Bu farw yn ei gryfder,
Mawrygwn nawr ei oes fer.

O law Dyn daeth yr ergyd
A'i gwnaeth mor llonydd, mor fud.
Syrthiodd mewn brwydr waedlyd
I ni mae'r golled yn ddrud.
Ef oedd cadernid ein llwyth,
Chwyrn warchodwr ei dylwyth;
Lladdwr dygn gwyddau ac ieir,
Cwning a thewion rugieir.
Rhoddwr hael i bob cadno,
Trigolion tlodion ei fro.
Ac i Wyllawg gofynnwn
Am nawdd nawr i enaid hwn.'

PENNOD VI

Glas

Ar ambell ddiwrnod yn niwedd Mehefin, daw cymylau duon i lawr o gyfeiriad y Garreg Lwyd i wgu dros fy mrenhiniaeth ar Fynydd y Crugau. Ar ddiwrnodau fel hyn, fe allech dyngu fod Gwyllawg, ein duw, wedi digio wrth ei fam Lleuwen, ac yn ceisio ei herlid o'r tir. Daw rhyw lesni tywyll dros y Foel Deg, Pen y Clogau a'r Garreg Fraith a dyffryn afon Pedol — rhyw drymder metalig swrth i feddiannu'r tir. Fe welwch fod yr afon wedi newid ei lliw, nes bod ei dŵr yn diferu'n las ac yn dywyll dros y cerrig. Yna, o ganol y glesni bygythiol hwn, daw fflach y fellten, fel craith wen i oleuo'r byd am lai nag eiliad, ac wedyn, ffrwydriad ofnadwy o berfedd y mynydd. Yna, cyn sicred ag angau, fe ddaw y glaw; glaw ciaidd y Mynydd Du, bwledi o law yn saethu i lawr o'r glesni tywyll, nes ei fod yn brathu drwy'r blew at y croen. Ffoi am y ffau a wnawn ar ddiwrnodau felly, diwrnod fel heddiw.

Heddiw, a minnau Gardag yn gorwedd ar Graig yr Aberth, ac yn aros am y glaw, cyn codi, a brysio dros y cerrig i gysgodi yng nghlydwch y ffau, daw fy atgofion i lawio yn fy ymennydd — pit-pat, chwit-chwat, glas cras, cur pur, cryndod, rhewdod,

84

malltod, drewdod, gwlybaniaeth caeth; atgofion
mewn iaith sydd mor llaith â llyngyren yn ym-
gordeddu yng ngholuddion gwlybion yr ymennydd.

Diwrnod o lesni tywyll fel hwn oedd y dydd a
arfaethwyd gan y duw Gwyllawg i gladdu
gweddillion fy nhad Teyrnig, a brenin ein llwyth ni,
gadnoid Mynydd y Crugau. Roedd marwolaeth
ddisyfyd Teyrnig a Carleg dan law Dyn wedi dod
mor ddisymwth â storm ym mis Mehefin.

Gadawodd y Dyn yn y crys coch gyrff fy nhad
Teyrnig a Carleg i bydru ar y mynydd. Ni
thrafferthodd hyd yn oed i dorri eu cynffonnau.
Wedi i'r Dynion adael ein byd ni, fe aethom dran-
noeth, Magda fy mam a minnau, Tostag yr hen
offeiriad a brawd fy nhad, Rostig y cynghorydd,
Llareg a Nerog o Ben-y-Gors, ynghyd â Mendig a'r
llwynogesau, Halda a Risda, heb anghofio Lacda,
mam Dilrag, i'r fan lle lladdwyd y ddau, ar y llecyn
ger yr esgair rhwng Craig yr Aberth a Chraig y
Bedol. Carn Teyrnicleg yw enw'r llecyn hwnnw
fyth ers y dydd hwnnw, ar leferydd ein llwyth ni.
Onid yw'n rhyfedd sut y mae digwyddiadau yn aml
yn enwi lleoedd? Sut bynnag, yno yr aethom, mewn
gorymdaith. Ar y blaen, ymlwybrai Tostag, yr
offeiriad, a thu ôl iddo cerddais innau, Gardag, fel yr
etifedd. Wedyn, mewn rhes cerddai'r cadnoid eraill,
fy mam Magda, y tu ôl i mi, llwynogod Craig yr
Aberth yn ei dilyn, ac yna, llwynogod Pen-y-Gors y
tu ôl iddynt hwythau. Llafarganai Tostag yr offeiriad
y geiriau hyn, tra ymgasglai'r cymylau bygythiol yn
y tywyllwch glas uwchben llethrau'r mynydd.

'Ble mae Teyrnig Bencadno,
Llywiawdwr a brenin bro?
Ni chryn ei flew fyth eto.

Ble mae Teyrnig y dewrgi,
Cynlluniwr cyrch, twymwr oerni?
Digyfarth nawr ein harwr ni.

Ble mae Teyrnig gyfrwysgi
Gorau ofalwr ein byd ni
Ble mae ei fawredd a'i fri?

Ar y mynydd mae'n gorwedd
Gyda Gwyllawg, huna mewn hedd.'

Wedi i ni gyrraedd yr esgair o graig a ymwthiai fel
asgwrn trwy gnawd y pridd, gwelsom fod cadnoid
Craig y Bedol, deiliaid Carleg, wedi cyrraedd o'n
blaenau. Gwelais Bwyrig a Grithog yno, ynghyd â
Donda a Perda, eu cadnawesau. Roeddent wedi
ymdrefnu mewn cylch o amgylch corff Carleg. Ef,
wedi'r cwbl, oedd eu Pencadno, ac yn yr amgylch-
iadau, gweddus oedd iddynt gynnal eu defodau eu
hunain uwchben y gelain. Tawodd Tostag ei lafar-
ganu, ac arosasom ninnnau, lwynogod eraill y
Crugau, gan adael i gadnoid Craig y Bedol gipial, yn
eu galar di-eiriau uwchben corff y rebel Carleg.
Hebddo, gwyddent fod eu dyfodol yn ansicr. Roedd
eu colled hwythau, fel ein colled ninnau, yn un fawr.
Yna, gwelsom Bwyrig a Grithog yn gafael yng
ngwar Carleg â'u genau, ac yn ymdrechu i'w lusgo'n
araf tuag at y pentwr o gerrig a orweddai ar waelod

yr esgair fechan. Gwyliasom y cadnawesau yn eu
dilyn. Wedi iddynt lwyddo i gael y corff ger y cerrig,
dechreuasant wthio poblen ar ben poblen. (Ein gair
ni, gadnoid y parthau hyn yw 'poblen' am garreg.
Cyfarfûm â chadno herw unwaith, o Fynydd y
Gwrhyd, a ddywedodd fod yna dŷ rhyfedd yn ei
ardal ef o'r enw 'Tafarn y Boblen'. Ni wn i, mewn
gwirionedd, ddim am hynny, ond onid yw geiriau yn
hen bethau diddorol?) Gwthiasant y poblenni am ben
y corff, nes ei guddio dan garn o bridd a cherrig, rhag
rhaib y brain a'r hebogiaid a grynai'n fygythiol yn yr
awyr dywyll uwchben. Wedi iddynt orffen eu
gwaith, ymffurfiasant eto yn gylch o amgylch y
bedd. Yna, gan godi eu pennau naw o weithiau,
clywais Bwyrig yn llefaru gweddi i'r duw Gwyllawg
uwchben bedd Carleg. O'r braidd y gallem glywed y
geiriau, ond geiriau angladdol traddodiadol ein
llwyth ni, gadnoid Mynydd y Crugau oeddent. Hen
eiriau sy'n aros yn y cof, fel hoelion rhydlyd mewn
hen bostyn sy'n cyfannu ffiniau. Dyma'r geiriau:

'Gwyllawg, Gwyllawg, y noddwr du,
Ar dduw'r nos, gweddïwn.
Cymer Carleg i'th hir hedd,
Cymer ef, gofynnwn.'

Heb ddangos eu bod wedi sylwi ar ein presenoldeb
ni o gwbl, llithrodd deiliaid Carleg i fyny'r llethrau
tuag at eu ffau ar Graig y Bedol. A ninnau'n aros yno
ar yr esgair, o dan yr awyr dywyll, wedi ein syfrdanu
gan y ddefod, gwelsom fflach llucheden yn ysbaid o
felynedd sydyn yn goleuo ein byd am eiliad, cyn

dyfod y tywyllwch glas i feddiannu'r tir eto. Yna,
clywsom y daran yn ffrwydro o gyfeiriad y Foel Deg,
fel petai Gwyllawg yn ei ddicter yn cweryla â'i fam,
Lleuwen. Wedyn, daeth y glaw, diferion trymion
anaml ac ansicr i ddechrau, wedyn, arllwysodd
drosom fel barn ddidrugaredd, barn y duwiau ar ein
byw hunanol, ar ein huchelgais bondigrybwyll, ar ein
hanufudd-dod, ein hanghyfrifoldebau, ein twyll a'n
hymgais ffôl i fod yn dduwiau ein hunain, barn wleb,
anorchfygol a blastrai ein blew at y croen, a
ymdreiddiai at ein hesgyrn, a foddai ein meddyliau
meidrol, pitw yn ein penglogau brau. Yn y gwlyban-
iaeth tywyll hwn, symudasom i lawr o'r esgair tuag
at gorff Teyrnig.

Llusgodd Magda fy mam a minnau ei gelain yntau
o'r fan honno. Ni fynnem gladdu Teyrnig ger yr
esgair wrth ochr Carleg. Yn hytrach, ein pender-
fyniad fel llwyth oedd symud ei gorff i dorlan afon
Pedol, ger ffau'r Twll Hir. Nid anghofiaf fyth flas
blew marw ei war yn fy ngenau, ac arogl ei waed yn
fy ffroenau. Ymunodd gweddill y llwyth yn y gwaith
o lusgo corff Teyrnig yn araf dros y llethrau
gwlybion nes i ni gyrraedd cyffiniau'r Twll Hir o'r
diwedd. Yno, ar lecyn pantiog, rhoddasom ef i
orwedd gan bentyrru cerrig drosto. Nid oedd na brân
na hebog i'w gweld erbyn hyn yn hofran uwchben y
bedd yn y glaw.

Cyn i ni ei gwadnu hi yn ôl at ein ffeuau, safasom
mewn cylch o gwmpas bedd Teyrnig. Roedd golwg
druenus ar Tostag, yr hen offeiriad, wrth iddo gipial
ei farwnad fythgofiadwy i'w frawd Teyrnig o'i lwnc
crynedig. Wedyn, llefarodd ein gweddi ddefodol

ninnau, wrth i ni godi ein pennau naw o weithiau i
wynebu'r awyr dywyll:

'Gwyllawg, Gwyllawg, y noddwr du
Ar dduw'r nos, gweddïwn,
Cymer Teyrnig i'th hir hedd,
Cymer ef, gofynnwn.'

Wrth i mi duthio'n gyflym yn ôl i gyfeiriad ein
ffau ar Graig yr Aberth, morthwyliai geiriau yn fy
ymennydd, mor rheolaidd â churiadau fy nhraed ar y
ddaear. Hedd bedd? Gwanc yw tranc, glaw a baw
diderfyn, pydru, drewi, madru, colli, tewi, tewi,
tewi. Ar hynny, fflachiodd y lluched yn fy llygaid a
rhwygodd y taranau eto o grombil Mynydd y
Crugau. Yng ngolau'r lluched, am eiliad, fe'm
gwelais fy hunan, Gardag, yn fawr yn yr awyr wen,
yn frenin, yn gynhaliwr fy llwyth, yn lord diledryw
dros fy mrenhiniaeth, yn arglwydd y Mynydd. Fi yn
awr oedd etifedd y corff gwlyb ger yr afon. Ar
anterth y storm honno, deuthum yn frenin.

*   *   *

Drannoeth, daeth glesni arall i'r awyr, glesni
digwmwl Mehefin. O gopaon Mynydd y Crugau hyd
at drumau'r Foel Deg, o iseldir y Dyffryn Mawr hyd
at y Garreg Fraith a Phen y Clogau, diferai'r glesni o
gostrel y Lleuwen fuddugoliaethus dros bob modfedd
o'r tir. Gogleisiai glesni'r awyr ddŵr afon Pedol, nes
ei bod yn chwerthin i gyd wrth lithro dros gerrig ei
gwely. Gorweddais ar Graig yr Aberth dan haul y

bore, gan wylio Rostig yn gadael ei ffau ar dorlan yr afon, ac yn dringo'n gyflym i fyny'r llethrau tuag ataf. O gyfeiriad y Foel Deg, gallwn weld cadnoid Pen-y-Gors, hwythau hefyd yn symud i lawr o'u ffau ar eu ffordd i Graig yr Aberth. Daeth Tostag allan o'i ffau gyfagos, gan ymlwybro'n flinedig dros y cerrig tuag ataf. Roedd y llwyth yn dod i'r gynhadledd a drefnwyd y noson gynt. Gwyddwn mai hon fyddai'r gynhadledd bwysicaf a ddeuai i'm rhan i yn fy mywyd. Daeth fy mam, Magda allan o'r wâl, gan

orwedd yn swrth wrth fy ochr, ond ni ddywedodd
air.

Rostig oedd y cyntaf i gyrraedd. Gorweddodd
yntau, gan anadlu'n drwm wedi'r dringo, ger y
cerrig ar y Graig. Cyn hir cyrhaeddodd cadnoid Pen-
y-Gors. Roedd llwyth cadnoid Mynydd y Crugau
wedi dod ynghyd ar gyfer y gynhadledd. Fel y
disgwylid, Tostag yr offeiriad oedd y cyntaf i lefaru,
wedi i ni ymdrefnu mewn cylch o amgylch Craig yr
Aberth, ac fe wnaeth hynny mewn dull a weddai i'r
achlysur:

'O blant cringoch y Crugau,' dywedodd,
'fe wyddoch chwi yn ddiau
pam heddiw y daethom ynghyd
ar Graig yr Aberth waedlyd.
Cans ddoe claddasom Teyrnig;
ein brenin mwyach ni thrig
ar erwau tlawd y Mynydd,
pob calon felly sydd brudd.
Llaw Dyn a'i lladdodd, gwyddom,
I ni, roedd yn ergyd drom.
Unig fydd Magda heno
heb Teyrnig o dan ei tho.
Amddifad hefyd Gardag
yn ei wâl heb gwmni tad.
Cydymdeimlwn â'r tylwyth,
pob un ohonom, fel llwyth.
Collais frawd, collais frenin,
dued yw trannoeth y drin.
Ar Wyllawg nawr gweddïwn
iddo ateb y dydd hwn

ein cais am ei arweiniad
i wneud y mab yn lle'r tad
yn frenin llwyth y Crugau;
cans hynny sydd yn ddiau
cyn rheitied â dyfod haf
wedi oerni y gaeaf.
Galwaf felly yr awrhon
arnoch i dalu yn llon
eich gwrogaeth i Gardag,
a hynny'n unfryd ddi-nag.

Cans ef yw'r etifedd iawn — i Deyrnig
a hynny sydd gyfiawn
Croesawer ef yn uniawn
O'r hen had, brenin a gawn.'

Wedi i Tostag orffen, camodd Rostig i ganol y
cylch. Mabwysiadodd ddull Tostag o lefaru, gan fod
pwysigrwydd yr achlysur hwn wedi ei gyffwrdd
yntau. Dywedodd:

'Da heddiw ydyw cofio — am arwr.
Melysed ein hatgo.
Dros Deyrnig wylwn dros dro.
Rhown barch i'r sawl a'i haeddo.

Da dwedwyd eisoes amdano, — na fydd
fyth eto'r fath gadno
â Theyrnig sydd dan y gro.
Wylwn wers, wylwn eto.

Ond i Gardag rhown groeso — fe wyddoch
nad oes hafal iddo
am ddal gŵydd neu iâr bob tro.
Y mae'n heliwr diguro.

Pa le bynnag y cyrcho — ar ôl oen,
neu gwningen wallgo,
gwelir Gardag yn sugno
ar fraster melysa'r fro.

Felly fe roddwn iddo — yr awr hon
gynhesrwydd ein croeso.
Brenin newydd fydd heno
yn blasu anrhydedd bro.'

Teimlais gynhesrwydd croeso'r llwyth yn gyrru,
gyrru'n wyllt trwy fy ngwythiennau, wrth i eiriau
Rostig ddod fel cig bras wedi newyn hir. Roedd fel
petai pob un ohonom, aelodau unigol y llwyth, wedi
toddi'n un creadur mawr, hyderus a fedrai orchfygu
pob anhawster a ddeuai ar ei draws, wrth iddo
ymladd o ddydd i ddydd yn erbyn y pwerau dinistriol
a'i hwynebai yn ei ymdrech i ennill ei fywoliaeth
fain. Wrth i Rostig symud o ganol y cylch, teimlais
Mendig, fy nghyfaill, yn gwthio yn fy erbyn, a
throediais i ganol cylch fy neiliaid. Daeth y geiriau'n
hawdd, diolch i Wyllawg, a theimlais y funud honno
fy mod yn etifedd teilwng i'm tad Teyrnig.
Dywedais:

'Diolchaf i chwi fy neiliaid ffyddlon,
dros Magda fy mam a minnau'r awrhon,

93

am gofio Teyrnig mewn geiriau rhadlon,
am eich cysur hael yn nydd treialon.
Dyma eiriau fy nghalon — addawaf
i ddileu, ar hyn, eich holl ofalon.

Rwy'n frwd dros uno cadnoid y Crugau
unwaith eto'n llwyth sy'n rhydd o ofnau.
Daeth diwedd heddiw i'r duon ddyddiau
pan fu Carleg falch a'i lu cynlluniau
yn chwalu'n byd yn ddarnau, — addawaf
i ddiwyd weu cymhendod o efrau.'

Dechreuodd y llwyth gipial eu cymeradwyaeth
i'm geiriau. Gwyddwn yn iawn fod ofn Carleg a
llwynogod Craig y Bedol wedi bod yn corddi yn eu
calonnau am hydoedd. Onid felly, drwy chwarae ar
yr ofnau hynny, oedd y ffordd orau i mi ennill eu
derbyniad fel brenin newydd y llwyth? Gwyddwn
hefyd y byddai llwynogod Craig y Bedol wedi colli
eu hyder yn llwyr wedi marwolaeth Carleg. O leiaf,
gobeithiwn mai felly y byddai. Wedi i'w cipial
ddistewi, mentrais lefaru eilwaith, yn yr un dull, a
oedd, fe ymddangosai, yn un effeithiol i'm pwrpas. A
dweud y gwir, dechreuais fy mwynhau fy hun. Onid
oedd gwleidyddiaeth a llywodraeth llwyth yn grefft
ddiddorol? Roeddwn yn amlwg wedi etifeddu mwy
na theyrnas oddi wrth fy nhad Teyrnig. Roedd rheoli
yn fy ngwaed. Euthum ymlaen:

'Os fi dderbyniwch fy mwyn gyfeillion
yn frenin newydd y Crugau'r awrhon,
chwalaf yn gyntaf ein hen elynion

ar Graig y Bedol, hyn wnaf yn union,
y diawliaid ciaidd creulon, — addawaf
i ddiddymu'n llwyr y Carlegogion.'

Ailddechreuodd y llwyth gipial yn gyffrous ymysg
ei gilydd wrth iddynt glywed fy ngeiriau bygythiol,
fel y disgwylais iddynt wneud. Gwyddwn fy mod
wedi llwyddo i'w dal â'm huotledd. Wrth gwrs,
bygythiad gwag oedd yn fy ngeiriau. Yn fy nghalon,
roedd cynllun gwahanol iawn yn llechu. Fy mwriad i
oedd dwyn cadnoid Craig y Bedol yn ôl i gorlan ein
llwyth ni. Roeddwn yn sicr y gallwn eu perswadio i
ailymuno â ni. Pe digwyddai hynny, fe fyddai bren-
hiniaeth y Crugau yn gyflawn unwaith eto, fel y bu
er cyn cof. Ond gwyddwn hefyd fod yn rhaid i mi yn
gyntaf baratoi fy neiliaid i dderbyn Bwyrig a Grithog
a'u cadnawesau Donda a Perda a'u cenawon yn ôl i'r
llwyth. Dechreuais lefaru eto, a thawodd y llwyth:

'Eto, fe wedda i bob Pencadno
ddangos trugaredd i'r rhai a'i haeddo,
a maddau'n rhwydd i'r sawl a ofynno,
a'i dderbyn yn ôl i'r llwyth yn gryno.
Felly, weithiau, mae llwyddo, — addawaf
faddeuant, os gwell hynny na llidio.'

Erbyn hyn, roedd y llwyth wedi ymdawelu.
Gallwn weld eu meddyliau yn symud fel llyswennod
yn nŵr afon Pedol. Mewn un cyfeiriad, hoffent y
syniad o ddial ar lwynogod Craig y Bedol am eu
balchder a'u traha. Mewn cyfeiriad arall, roedd cael
brenin trugarog, a allai ddwyn y Carlegogion yn ôl

i'r llwyth, a chreu undod ar Fynydd y Crugau
unwaith eto, yn eu denu'n fawr. Mewn undod y mae
nerth; ac ni hoffai yr un ohonynt y syniad o ddwy
frenhiniaeth annibynnol yn parhau yn ein byd ni.
Roedd hynny yn groes i'r traddodiad. Llefarais eto:

'Felly, gofynnaf i chwi am eich barn.
Pawen y cymod, neu'r dant sydd o ha'rn?
Eu derbyn yn ôl, neu eu chwalu'n sarn?
Gwn y cytunwch â'm safiad i'r carn.
Beth, gyfeillion yw eich barn? — addawaf
addfwynder neu ddial; mwsog neu ha'rn.'

Wedi i mi dewi, symudodd Mendig i ganol y
cylch, a sefyll wrth fy ochr. Roedd hyn yn annisgwyl
i mi. Wedi'r cwbl, Rostig oedd prif gynghorydd fy
nhad Teyrnig. Ef oedd yr un cadno yn y llwyth y
dibynnai fy nhad ar ei farn gytbwys bob amser. Ond,
wele, dyma Mendig, fy nghyfaill o Ben-y-Gors yn
achub y blaen arno, ac yn sydyn yn ymsefydlu fel prif
gynhaliwr y brenin newydd. Aeth ias o ansicrwydd
trwof. Tybed a synwyrasai ef, y cadno mwyaf byr-
bwyll, eofn y gwyddwn amdano, fy mwriad cudd?
Doedd dim achos i mi bryderu. Llefarodd yn eglur ac
yn hyderus yn ei ddull ef ei hun, a oedd yn nodwedd-
iadol ohono:

'Fe glywsoch felly, hen rapsgaliwns y nos
ein Gardag yn siarad yn ddeche.
A dewis a roddodd i chwi gnoi arno nawr,
ystyriwch yn ddwys p'un yw'r gore,
claddu dant mewn cnawd,

neu faddau i frawd.
P'un fynnwch, y tywyll neu'r gole?'

Rostig oedd y cyntaf o'r llwyth i ateb, ac roedd yn
amlwg wrth ei eiriau ei fod ef, yr hen gyfrwysgi
profiadol ag yr oedd, wedi darllen fy mwriad cudd.
Dywedodd:

'Yn lle ymladd, rhaid uno, — i gadnoid
ffolineb yw ffraeo.
Cyfannwn ein llwyth heno.
Cymoder llwynogod bro.'

A barnu wrth eu sŵn, cytunai'r llwyth yn unfryd
â'i awgrym doeth. Mendig oedd y cyntaf i siarad:

'Trugaredd felly yw arwyddair y dydd
a chynigiaf i fynd ar unwaith
at Graig y Bedol i groesawu yn ôl
yr herwyr mewn cariad ac afiaith.
A gwaeddwn hwrê
dros bantle a bre,
maddeuwyd pob drwg ac anfadwaith.'

Symudodd Mendig allan o'r cylch, a chymer-
adwyaeth y llwyth i'w eiriau yn amlwg yn ei
glustiau. Gyda'i gymorth ef a Rostig, ymddangosai
fod fy ymgais i ailuno llwyth y Crugau ar fin
llwyddo, a hynny yn fy nghynhadledd gyntaf fel
brenin y llwyth. Gyda rhyddhad mawr yn cynhesu fy
nghalon, llefarais wrth fy neiliaid:

'Mendig a Rostig, doeth yw eu geiriau.
Hwy yw cyfrwysgwn galluocaf y Crugau.
Cyn dyfod Gwyllawg a'i dywyll oriau
Unol fyth eto fydd gwlad ein tadau.
Rheidrwydd arnom yw maddau — addawaf
i'ch noddi heddiw nes dyfod angau.'

Wedi i'r gynhadledd chwalu, gwasgarodd cadnoid
Mynydd y Crugau i bellafoedd fy nheyrnas.
Gwyddwn mai eu bwriad oedd hela, a chasglu
cymaint o ysglyfaeth ag y gallent yn ystod y dydd ar
gyfer y wledd a drefnwyd i'w chynnal ar Graig yr
Aberth y noson honno, er mwyn dathlu dyfodiad y
brenin newydd, — fi, Gardag. Anelodd Mendig ar
unwaith tuag at Graig y Bedol yn ei ymgais bwysig i
berswadio Bwyrig a Grithog a'u cadnawesau i
ymuno eilwaith yn gyflawn aelodau o'r llwyth.
Ymneilltuais innau i'r wâl, gan fod blinder ofnadwy
wedi gafael ynof, blinder swrth digyfaddawd wedi
digwyddiadau cyffrous y tridiau a aeth heibio.
Gorweddais wrth ochr fy mam Magda yng ngwyll y
wâl. Cysgodd hithau yn drwm, wedi ei llwyr
feddiannu gan ei hiraeth a'i galar. Cysgais trwy
weddill y dydd, bron.

Fy mam a'm dihunodd. Clywais gipial a thuthian
llwynogod y tu allan i'r wâl. Wedi troedio dros y
cerrig ger y fynedfa, gwelais fod pob un o lwyth
cadnoid y Crugau wedi ymgynnull ar Graig yr
Aberth. Oedd, roedd cadnoid Craig y Bedol yno
hefyd, Bwyrig a Grithog, Donda a Perda, a hyd yn
oed eu cenawon bywiog. Roedd Mendig yn eu
harwain at Tostag a Rostig a Lacda, llwynogod

Craig yr Aberth, ac at Llareg a Nerog a Halda a Risda o Ben-y-Gors. Aeth Magda fy mam atynt, yn frwd ei chroeso. Ger Craig yr Aberth, roedd llwyth o gwningod, grugieir, llyffantod, llygod, dau geiliog, hanner dwsin o ieir, a hyd yn oed gweddillion sylweddol oen go fawr. Roedd y llwyth wedi bod yn brysur drwy'r dydd, a diolch i. Wyllawg, wedi llwyddo i ddarparu gwledd deilwng o'r achlysur. Pan symudais dros y cerrig i ganol y llwyth, ymdawelodd y cipial a'r cyfarth a'r chwyrnu. Fy unig air, cyn claddu fy nannedd yn y cig oedd, 'Croeso, yn enwedig i gadnoid Craig y Bedol.'

Â glesni'r awyr yn troi'n aur, wrth i gostrel Lleuwen ddiflannu dros gopa Pen y Clogau, a'r duw Gwyllawg yn paratoi i daenu ei fantell dyner dros fy myd, roedd fy nghalon yn drwm ac yn llawen, yn drwm o alar o golli fy nhad Teyrnig, ond yn llawen wrth weld y llwyth, llwyth cyflawn unwaith eto, yn ciga mor frwd ar y cyfoeth pasgedig sy'n blasu ein byw.

PENNOD VII

Gwyrdd

Ebrill yw'r mis creulonaf. O leiaf, y mae'n ymddangos felly i mi heddiw, hen frenin methedig o gadno sy'n gorwedd ar Graig yr Aberth yn ei fusgrellni, a'i gyhyrau wedi troi yn ddŵr yn ei hen gorff briwedig. O'r braidd y gallaf fy llusgo fy hun o'r ffau i'r Graig, gan fod fy nerth wedi pallu cymaint. Ond rhaid diolch i Wyllawg am bob bendith. Gallaf weld a chlywed, sawru a blasu a theimlo o hyd. Gallaf gofio hefyd; cofio'r blynyddoedd a lithrodd heibio, fel y dŵr dros gerrig afon Pedol. Mae'n beth rhyfedd, ond fe sylwais yn ddiweddar fod y synhwyrau yn brathu'r cof yn aml. Gall cri tylluan o goed y Llwyn Du fy atgoffa am gyrch hela a ddigwyddodd flynyddoedd yn ôl. Gall sawr cwningen dew ar lan yr afon ddwyn diwrnod o haf yn ôl i'r cof, mor fyw â phetai wedi digwydd ddoe. Gall blasu cig llygoden ger y Twll Hir fy atgoffa am fy mam Magda, am mai dyna oedd ei hoff fwyd, a gall diferion glaw y Mynydd Du ar fy nghôt wneud i mi gofio am y dydd y claddasom fy nhad, Teyrnig. Ond heddiw, wrth i mi edrych i lawr o'r Graig tuag at yr afon yn y cwm, y mae gwyrddni'r blagur newydd ar y prysgwydd mân ar y dorlan yn fy atgoffa am un o gyfnodau gwerthfawrocaf fy mywyd. Dyna pam y mae mis Ebrill yn fis mor greulon i mi erbyn hyn, am ei fod yn fy ngwatwar rywsut, yn dannod i mi fy ngwendid. Nid felly yr oedd pan oeddwn yn anterth fy nerth.

A minnau'n gorwedd yma ar y Graig, y mae gwyrddni o bob math yn wledd yn fy llygaid, gwyrddfioled, gwyrddindigo, gwyrddgochni dwfn, dwfn, gwyrddoren, gwyrddfelyn, gwyrddlesni hardd, hardd, gwyrddwyrddni sy'n wlyb ac yn ffres dan yr haul, pwyntiliadau o wyrddni yn pefrio fel petai fy myd i gyd yn gwreichioni dan liwiau rhyw enfys ryfedd, werdd:

'Gwyrdd yw'r deri yn Llwyn Du,
gwyrdd yw'r gweiriau ar bob tu,
gwyrdd yw erwau Pen y Clogau,
gwyrdd pob acer ar y Crugau,
gwyrddach atgof sy'n cyniwair
am y dyddiau difyr diwair.'

Wedi i mi etifeddu teyrnas fy nhad Teyrnig, dechreuodd cyfnod newydd a hapusach yn ein hanes ni, gadnoid Mynydd y Crugau. Roeddem unwaith eto yn unedig, gan fod llwynogod Craig y Bedol wedi bodloni i'm derbyn fel eu brenin. Trwy drugaredd ein duw Gwyllawg, trefnasom gyrchoedd hela arbennig o lwyddiannus, a chawsom ddigonedd o gig i'n cynnal, ieir a cheiliogod, gwyddau a hwyaid, llygod a llyffantod, a hyd yn oed ambell oen. Sgleiniai ein cotiau yn loywach, ac yr oedd ein gweddïau diolchgar i Wyllawg o amgylch Craig yr

Aberth yn codi tuag at y lloer a'r sêr mewn gwir orfoledd wedi ein cyrchoedd llwyddiannus. Tostag, ein hoffeiriad, a brawd fy nhad, wrth gwrs, a'n harweiniai yn y defodau, ond, ysywaeth, collasom ef yn fuan wedi hyn. Un bore, dihunwyd fi yn y wâl gan fy mam, Magda.

'Ble mae Tostag?' gofynnodd. 'Does dim golwg ohono yn unman ar Graig yr Aberth.'

Nawr, gan fod Tostag wedi heneiddio cymaint erbyn hyn, ni chrwydrai fyth ymhell o'i wâl. Yn wir, fe orweddai yno drwy'r dydd bron yn ei wendid. Ymlwybrai allan dros y cerrig at y Graig er mwyn cynnal ein defodau yn y nos, ond wedyn, ymneilltuai i'w ffau, a'i fyfyrdodau dwys. Roeddwn innau mor syn â'm mam Magda wrth weld ei fod wedi diflannu. Chwiliais ei wâl a'r cyffiniau, ond doedd dim sôn amdano.

Mewn dim amser, roeddwn i wedi dal sawr yr hen gadno. Dilynais fy nhrwyn i lawr y llethrau o Graig yr Aberth tuag at afon Pedol. Y mae sawr hen gadnoid yn gryfach na sawr cadnoid ifainc, a gwaith hawdd oedd i mi ddilyn ei drywydd. Wedi dod i gyffiniau'r Twll Hir, roedd yn rhaid i mi droi yn sydyn i'r gogledd, a dilyn yr afon i fyny'r cwm. Roedd Rostig yn digwydd bod yn hela llygod ger ei ffau.

'Y mae Tostag wedi crwydro i rywle o'r Graig,' cyfarthais arno. 'Rwy'n dilyn ei drywydd.'

Ymunodd Rostig â mi ar unwaith. Cododd yntau'r trywydd mewn dim amser, a thuthiasom, y ddau ohonom, i fyny i gwm yr afon. Codai llethrau'r Garreg Fraith yn serth ar y dde i ni, a llethrau Craig y

Bedol i'r chwith. Yn y pellter, i'r gogledd-ddwyrain, gallwn weld copa Pen y Clogau yn diflannu yn y niwl boreol a orweddai'n drwm drosto. Wrth i ni symud yn rhwydd ar y dorlan, aeth y cwm yn gulach, a gwyddem ein bod yn nesáu at y rhaeadr fechan a fyrlymai ym mlaenau'r cwm. Gallem glywed swn y dwr yn disgyn dros y graig fel clychau'n tincial yn dragywydd. Daeth y sawr yn gryfach i'n ffroenau, a gwyddem ein bod yn asgosáu at Tostag. Mae'n rhaid ei bod wedi cymryd oriau o'r nos iddo symud mor bell o'i ffau, ac yntau mor fusgrell. Daeth ias o ansicrwydd ac ofn i afael ynof. Pa gyflwr fyddai arno pan ddeuem o hyd iddo?

Wrth i ni ddringo i fyny'r cwm tuag at y rhaeadr, disgynnodd y niwl yn sydyn arnom. Aethom, Rostig a minnau, o oleuni'r dydd i fyd o wyrddni mwll; fel petai Gwyllawg yn ailgydio yn ei deyrnas er mwyn ei chipio oddi ar ei fam Lleuwen. Gan bwyll, ymdreiddiasom i mewn i'r nos annaturiol hon; swn y rhaeadr yn dawnsio yn ein clustiau, a sawr yr hen gadno yn cryfhau ac yn cryfhau yn ein ffroenau. Gallwn synhwyro fod Rostig yntau yn crynu mewn ofn yn y dieithrwch hwn, y byd o wyrddni tywyll a oedd o'n hamgylch. Erbyn hyn, roedd swn y rhaeadr yn ein byddaru, fel petai tunelli o ddwr yn tywallt yn ein pennau; ac yr oedd sawr Tostag cyn gryfed yn ein ffroenau â phetai'r hen gadno o offeiriad ei hun yn sefyll wrth ein hochr. Yn sydyn, a ninnau'n nesáu at y llecyn o dir llaith ar waelod y rhaeadr, fe'i gwelsom ef, neu, o leiaf, ryw fath o rith ohono nad anghofiaf fyth. Trwy'r niwl, ymddangosai Tostag, fel petai'n gadno o faint ceffyl. Ymsythai o'n blaenau, yn llonydd, yn anferth, yn gryf ac yn berffaith. Roedd wedi ei drawsnewid; pob henaint, pob musgrellni, pob gwendid wedi diflannu'n llwyr. Syrthiasom, y ddau ohonom, Rostig a minnau, ar y ddaear mewn braw. O'r braidd y gallem fagu digon o hyder i syllu ar y fath ryfeddod. Yna, clywais â'm clustiau fy hun y Llais; rhywbeth a ymdebygai i mi, wrth feddwl am y peth wedyn, i sŵn y gwynt yn yr helyg yng nghoedwig y Llwyn Du. Dywedodd y Llais:

'Tostag, Tostag daeth dy awr,
Dere ataf i yn awr.'

Ar hynny, symudodd y Tostag cawraidd hwn yn urddasol drwy'r niwl a'r afon, nes iddo ddiflannu dan ddŵr y rhaeadr fel petai'n symud trwy len ddisgleirwen i mewn i fyd arall. Roedd yr hen offeiriad wedi mynd at ei dduw.

Rwy'n meddwl fy mod wedi llewygu wedyn yn fy syfrdandod. Pan ddeuthum ataf fy hun, roeddwn yn dal i orwedd yno ar y llecyn ger y rhaeadr. Roedd y dydd yn olau unwaith eto, a Rostig yntau yn ymystwyrian o'i gwsg wrth fy ochr. Byrlymai dŵr y rhaeadr dros y graig fel arfer. Nid oedd gennyf ond rhyw frithgof ysgafn o'r hyn a welais, ac yr oedd yr holl ddigwyddiad yn ymddangos fel breuddwyd i mi. Yna, clywais Rostig yn cyfarth wrth fy ochr.

'Dere,' dywedodd. 'Y mae Tostag wedi mynd at Wyllawg.'

Roedd yr hen sawr wedi diflannu. Troesom yn ôl o'r rhaeadr, a thuthiasom yn hamddenol i lawr y cwm tuag at y Twll Hir a Chraig yr Aberth. Ni

soniais air wrth Rostig am yr hyn a welsom, ac ni
ddywedodd yntau'r un gair. Wedi cyrraedd y Graig,
dywedasom wrth fy mam Magda a chadnoid eraill y
llwyth fod Tostag wedi mynd at Wyllawg, a dyna i
gyd.

* * *

Yn fuan wedi i ni golli Tostag, fe ddigwyddodd un o
gyfarfyddiadau pwysicaf fy mywyd. Yn gynnar ar
fore o Ebrill gwyrdd, penderfynodd Mendig a
minnau adael ein byd ni ar Fynydd y Crugau am
ddeuddydd. Roedd yr elfen o antur a oedd yn nod-
weddiadol o lwynogod Pen-y-Gors yn gryf yng
nghyfansoddiad Mendig. Yn ei grwydriadau mynych
o Fynydd y Crugau, yr oedd ef wedi dod i adnabod
llwyth arall o gadnoid a drigai yn nhueddau
dwyreiniol y Mynydd Du, rai milltiroedd i ffwrdd
o'n byd ni. Yr oedd, yn ôl yr hyn a hawliai, wedi dod
yn gyfeillgar â'u brenin, Derag, ac yr oedd yn
awyddus i mi, fel brenin llwyth cadnoid y Crugau ei
gyfarfod. Felly, ym more bach dydd gwyrdd o Ebrill,
fe gychwynasom ar ein taith, gan duthio'n ham-
ddenol, dros y Foel Deg, a draw dros y mynydd-dir at
Ben Rhiw Wen. Wedyn, bwriasom i lawr i gyfeiriad
cwm yr afon Garw, ac yna, i fyny'r llechweddau i
Ben Rhiw Ddu. Roedd gweddill y daith yn fwy
gwastad wedyn, nes i ni gyrraedd y tir uchel uwch-
ben Cefn Bryn Brain, a gwlad Derag. Rwy'n cofio
pob manylyn o'r daith y bore hwnnw. O gopa Pen
Rhiw Wen, dechreuodd ehedydd ein dilyn.
Gleidiodd uwch ein pennau yn y glesni, ac yna, pan

deimlai awydd i wneud hynny, deifiai i lawr tuag atom, gan arllwys ei gân dros y tir gwyrdd. Canai, fel petai ei galon ar fin torri, yn ei feinlais mwyn:

> 'Taenaf hen hwyliau f'adenydd
> dros foroedd wybrennydd glas.
> Sgleintiaf yr awyr â'm cyflymder,
> heriaf y gofodau mewn ras
> â cherrynt gwynt ac awelon,
> gleidiaf o don i don,
> lan, lan, lan, a lan nawr,
> wedyn i lawr ac i lawr.
> Cawr wyf i.
> Pry wyf i.
> Pwy a ŵyr beth wyf i?
> Twît, twît, twît
> swît, swît, swît,
> hedaf, canaf,
> swît, twît, twît.'

Ni allai Mendig na minnau wneud pen na chynffon o'i eiriau twp, ond, mynyffarni, roedd ei gân yn rhwygo'r bore â'i melyster. Cyfarthodd Mendig, wrth i ni duthio dros y mynydd-dir:

> 'Onid ffôl yw geiriau adar?
> Annirnad eu ffliwtio anwar,
> disens yw nonsens eu bod
> wrth grwydro'n rhydd y gofod.'

Atebais innau:

'O dere i lawr, aderyn mwyn,
a disgyn di o flaen fy nhrwyn,
fe wnelet bryd bach blasus iawn;
llyncwn dy gân, O gwnawn, pe cawn.'

Tuthiasom i lawr y llethrau o gopa Pen Rhiw Ddu,
ac fe gollodd yr ehedydd ddiddordeb ynom, wrth
iddo ddringo i fyny i berfeddion glas yr entrychion.

Roedd y tir erbyn hyn yn llai creigiog ei arwedd
na'n byd ni ar Fynydd y Crugau. Tuthiasom yn
rhwydd dros y llechweddau uwchben y Dyffryn
Mawr. I'r de, gallem weld trefedigaeth fechan y
Rhosfa, lle buom lawer gwaith yn hela ieir a
cheiliogod ym muarthau rhai o'r tyddynnod yno.
Wedyn, ymhen milltir neu ddwy, dyna lle'r oedd
Rhosaman, trefedigaeth fach arall ar waelod y
Dyffryn Mawr. Roedd hwnnw yn lle dieithr i mi,
gan ei fod yn rhy bell i fynd i hela yno. Ond, yr oedd
Mendig wedi bod yno ar un o'i deithiau anturus, ac
yn canmol y gwyddau tewion a borai'r tir comin ger
y tai, er na fentrodd ladd yr un ohonynt erioed.
Bwriasom wedyn ryw fymryn i'r gogledd-
ddwyrain, nes i ni gyrraedd gwlad Derag. Fel y
syrthiai'r tir yn serth i lawr i gwm afon fechan,
daethom at ddarn o dir caregog a oedd ynghudd bron
mewn hanner cylch o lain bantiog, neilltuedig ar y
mynydd. Dyma oedd trigle Derag a'i lwyth, yn ôl
Mendig, ac yn wir i chwi, roedd yn rhaid i mi
gyfaddef ei fod yn ymddangos yn lle eithriadol o
ddiogel, yn lle delfrydol i gadnoid fyw ynddo.

Cawsom groeso brwd gan Derag a'i lwyth. Roedd yn amlwg ei fod ef a Mendig yn gyfeillion agos eisoes. Fe dderbyniais groeso priodol i frenin. Yn ei ffau eang gysurus, rhoddwyd cwningen gyfan i mi i'w bwyta wedi'r daith, cwningen dew, flasus, yr orau yn y cruglwyth ohonynt a orweddai yng nghornel y ffau. Wrth i mi gladdu fy nannedd yn y cig melys, cyfarchodd Derag fi yn ei ddull ei hun:

'O Arclwydd crincoch y Crucie — i ti
estynnaf y gore.
(Yn nhafodieth Cwm Tawe
cyfarthwn bob 'au' yn 'e').

Caletwn 'efyd gytseiniet — stim ots
os ŷm yn camsyniet
rheole iaith, my old mêt,
fel ffrindie, rŷm yn solet.

Yng ngwlad Derac cei groeso — myn Gwylloc
nid wyf brin o osgo
na mannars brenin y fro.
Cei siâr o gyfoeth f'henfro.

Yma, mae ieir a gwydde — diconedd
o gwning a ffrwythe.
Yma, ma'r haul yn ole,
cei wala cyn mynd sha thre.

Yng Nghefn Bryn Brain mae gwydde — rhai
    tewion
a'u cig yw y gore.

Hawdd yw brathu eu gyddfe,
Hyfryd yw cig gŵydd i de.

Ti Gardac, cei y gore, — ceiliocod
a ieir y cyffinie,
cwningod tewion y lle,
pascetic ffrwythe'r fangre.'

Atebais ef yn fy null fy hun, ond a dweud y gwir,
yr oedd fy holl fryd wedi ei ddenu gan un o'i
genawesau, sef Delina, cadnawes ifanc, gref a'm
llygadai yn awchus yng ngwyll y ffau. Cyflymai
curiad fy nghalon, a phoethai bôn fy nghynffon wrth
edrych arni. Onid yw'n rhyfedd o beth sut y mae
ambell sythwelediad o sicrwydd, o wybod pur, yn
eich meddiannu ar adegau? Gwyddwn y funud honno
yn ffau Derag mai ei genawes Delina fyddai fy
nghymar am weddill fy mywyd, ac a fyddai yn fam
i'm hetifedd innau. Dechreuais lefaru, ond gan golli
cryn dipyn ar reolaeth fy nheimladau, y mae arna i
ofn:

'Ni welais gyfoeth fel hyn yn fy myw
myn Gwyllawg fawr ein noddwr a'n duw.
Ni flasais gig cystal erioed, Derag Fawr,
na'r hyn a arlwyaist o'n blaen ni yn awr.
Ac felly, fel brenin y Crugau fe dalaf
wrogaeth i ti, a'r llwynoges ddelaf
a welais erioed, sef Delina yr harddaf.
Hi gipiodd fy nghalon sy'n glaf nawr o serch;
fe fynnaf yr awrhon, O Derag, dy ferch
i fod i mi'n wraig, a minnau addawaf

i'w chynnal yn deilwng yn y modd hawddgaraf.
Am dy hael ganiatâd yn awr y gofynnaf
i'w chymryd yn ôl i'r Crugau'n ddianaf
cans hi fydd brenhines newydd y Crugau,
a mam etifedd fy nheyrnas innau.

O Derag Fawr, una nawr ein teyrnasoedd
trwy roi im Delina yn wraig am oes oesoedd.'

Cleddais fy nannedd yng nghig y gwningen, gan
giledrych yn ansicr ar Delina, ac yna ar Derag yn fy
eiddgarwch gwyrdd. Clywais chwerthin Mendig yn
rhygnu yn ei lwnc wrth iddo yntau sglaffio ei gig.

Digon yw dweud i mi gael fy ffordd. Ymhen
tridiau, yr oedd Magda fy mam wedi symud allan o'n
ffau ni i ffau wag Tostag, a daeth Delina yn gymar i
mi yn fy ffau, wedi iddi dderbyn croeso brwd fy
neiliaid ar Fynydd y Crugau fel brenhines newydd y
llwyth. Ymhen rhai misoedd, ganwyd fy etifedd
Brendag, y cyntafanedig o dor o genawon cringoch,
cryfion, yn frodyr ac yn chwiorydd teilwng iddo fel
brenin pan ddeuai ei ddydd — diwrnod a ddaw yn
fuan, mi gredaf. Ond parchwn bob parhad. Dyna yw
cyfrinach pob goroesi.

Heddiw, a minnau'n gorwedd yma yn fy henaint
ar y Graig, ar fore o Ebrill gwyrdd, y mae fy atgofion
yn tyfu ar gainc fy nghof fel y blagur ar frigau coed y
Llwyn Du. Ond nid atgofion melys mohonynt i gyd.
O nage. Yn fuan wedi geni fy etifedd Brendag,
diflannodd fy mam Magda o Graig yr Aberth, yn
gwmws fel Tostag. Buom yn chwilio'n hir amdani,
ond chwiliasom heb ei chael hi. Crwydrasom y

Mynydd Du, yn ôl ac ymlaen, ymlaen ac yn ôl am ddyddiau; fi a Delina, ond ni ddaethom o hyd iddi. Aeth hithau Magda at Wyllawg yn ei thro, i deyrnas y dragwyddol nos. Wedi chwilio am hir, clywais frân a oedd yn hofran uwchben fy ffau un bore yn crawcian geiriau rhyfedd a swniai fel hyn:

> 'Cra, cra, ble mae Magda?
> Dan y carn, cra, cra, cra.
> Melys oedd ei chig, cra, cra,
> Cra, cra, Gardag, ta-ta.'

Ond pa garn? Ymhle? Pwy a all gredu geiriau brân? Ond adar duon, duon yw brain, adar o liw'r nos, a gallant hwythau, weithiau, fod yn negesyddion i Wyllawg.

Lladdwyd Llareg a Nerog, dau arglwydd glwys y Foel Deg, gan Pedro a Largo, y cŵn du, ar lethrau Pen y Clogau. Gallaf glywed eu griddfan yn rhwygo'r awyr y funud hon, wrth i mi gofio'r dydd hwnnw. Llwyddodd Mendig a minnau i ddianc rhag cynddaredd byddarol y cŵn, ond cofiaf weld y Dyn o fferm Pantyffynnon yn gwylio'r lladd o fryncyn cyfagos, a'r oen gwaedlyd yn ei freichiau. Mendig a'i genawon, erbyn hyn, yw gwylwyr ein llwyth ni o'u ffeuau ar Ben-y-Gors ar y Foel Deg. Ef, o hyd, yw fy mhrif gynghorydd, er ei fod yntau yn hen erbyn heddiw. Ni wn i beth a ddigwyddodd i Rostig. Diflannodd yntau o'n byd ni ar Fynydd y Crugau. Un diwrnod aeth i hela gyda Bwyrig a Grithog, llwynogod Craig y Bedol, ar gyrch i un o dyddynnod y Rhosfa. Ni ddaeth yr un ohonynt yn ôl. Trech cyflymdra cŵn na hercian hen lwynogod musgrell, ond y mae eu cenawon yn dal yn ffeuau'r Twll Hir a Chraig y Bedol. Rydym ni yma o hyd:

'Fioled firain liwiodd fy myd,
Indigo oedd y lliw a'i hawliodd.
Coch oedd gwaed f'ysglyfaeth mud,
Oren oedd pob antur a wawriodd.
Melyn milain laddodd fy nhad,
Glas oedd lliw dydd ei briddiad.
Gwyrdd, mor wyrdd heddiw f'atgof.
Cyn marw, onid berw yw'r cof?'